Theorie der dynamischen Realität

Theorie über die stetige Bewegung und Änderung des wahrhaft Seienden

Autor: **Pierre Sens**
5. Auflage 2014
(Ersterscheinung des Werkes im Ewert-Verlag, **1989**)

Herstellung und Verlag:
BoD - Books on Demand, Norderstedt
ISBN 978-3-7357-2344-4
Printed in Germany

Inhalt:

Pierre Sens   contra   **Albert Einstein**

$$\text{Kraft} = \text{Raum} * \frac{\text{Zeit}}{\text{Geschwindigkeit}}$$

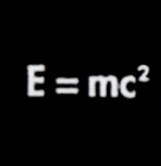

$$E = mc^2$$

"Jedes Veilchen, das im Frühjahr den Waldboden durchbricht, trägt in sich den Drang, die Erde in eine Welt von Veilchen zu verwandeln, doch Kälte und Sonne und einige andere Pflanzen und Tiere wissen das zu verhindern.

Nicht anders geht es innerhalb der menschlichen Gesellschaft zu, in der ununterbrochen neue Ideen und Erfindungen, neue philosophische und politische Systeme, neue Damenmoden und neue wissenschaftliche Theorien geboren werden, die um ihre Durchsetzung ringen. Es wäre jedoch falsch, über die seinerzeitigen Gegner erfolgreicher menschlicher Großtaten zu lächeln, denn sie waren die unbedingten Werkzeuge der natürlichen Auslese, die Träger des notwendigen Widerstandes gegen das Neue, das sich an diesem Widerstand erproben und als gut oder wenigstens besser erweisen mußte. Denn ohne diesen notwendigen selektiven Widerstand würde die Welt im Chaos des Neuen ersticken.

Wir haben sogar eine gewisse Pflicht der Dankbarkeit gegen diese Träger des Widerstandes, denn in der Geschichte der großen Errungenschaften der Menschheit erfahren wir nur von jenen, die gegenüber diesen Errungenschaften unrecht behalten haben, und sind geneigt, sie zu bespötteln.

Wir hören aber nichts von den ungeheuer viel zahlreicheren Fällen, in denen sie recht behielten, unfruchtbare Ideen zum Verschwinden gebracht zu haben und damit eine notwendige soziologische Funktion erfüllten."

Eugen Sänger

(*Raumfahrt- und Raketenforscher*)

*"...... doch es gibt auch Theorien, die ihre
soziologischen Funktionen nur erfüllen können, wenn
sie weitgehend bekannt werden und eine breite
interessierte Schicht zum kreativen Denken anregen."*

Pierre Sens

Neue Kraftformel:

$$Kraft = Raum * \frac{Zeit}{Geschwindigkeit}$$

Machen Sie sich ein anderes Bild von der Welt!

Diese Abhandlung zum Thema Urformel, und die
dahinter steckende Theorie, liegt im wissenschaftlichen
Disput mit *Albert Einstein*`s Theorien. Sie ist aber keine
reine Theoretische Physik, sondern im umfassenden eine
streitbare Philosophie. Sie zeigt auch, daß die Welt
keinen Schöpfer (Gott) haben kann, da sie aus sich selbst
heraus zwingend ist.

**Dieses Werk ist
die Widerlegung aller bisherigen Theorien
und Theologien durch eine neue Theorie, der
"Theorie der dynamischen Realität"!**

Vorwort:

Dieser philosophische Aufsatz ist der Versuch einer "*wissenschaftlich*" begründbaren Philosophie, welche durch stetigen Dialog mit der theoretischen Physik zu allgemeingültigen und speziellen Aussagen zu den Gesetzen der Natur führen will.

Damit wird diese spezielle, teils der theoretischen Physik zuzuordnende und philosophische Theorie, welche hier in dem Buch als **"Theorie der dynamischen Realität"** bezeichnet ist, dem interessierten Leser zuerst mehr einem abstrakten geistigen Gemälde gleichen, dafür aber nach genauer Betrachtung ihm diese eine einheitliche Symmetrie der Naturgesetze offenlegen und zugleich auf eine neue Möglichkeit aufmerksam machen, die Natur aus einem ganz anderen Blickwinkel zu betrachten, als es die Wissenschaft uns zur Zeit vormacht.

Trotzdem ist diese Theorie noch zutiefst in den klassischen Wissenschaften verwurzelt, insbesondere in der durch **Albert Einstein** hervorgerufenen "*modernen theoretischen Physik der Relativitätstheorie*" die eigentlich heute schon nur noch als "*Neue klassische Wissenschaft der theoretischen Physik*" bezeichnet werden kann.

Selbst die Quantentheorien, welche heute die führenden Rollen in den physikalischen Wissenschaften spielen und an die einst **Albert Einstein** (vor allem durch seine hervorragende Kritik an dieser) selbst entscheidend mitgewirkt hat, koppeln sich heute schon teilweise wieder von der Relativitätstheorie ab, obwohl noch keine Schrift existiert, die die eigenen noch vorhandenen Probleme der Quantentheorie zu lösen vermag. <u>Die Quantentheorie ist nach wie vor eine unvollständige Theorie!</u>

Insbesondere fehlt noch eine Theorie, welche die verschiedenen lokalen Symmetrien der Quantentheorie und das Gravitationsphänomen zu einer einzigen globalen Symmetrie zusammenfassen kann. Aber es scheinen auch bisher die dazu befähigten Persönlichkeiten zu fehlen, die in vermessener Freimütigkeit diese vorerst letzte große Aufgabe dieses Jahrtausends bewältigen können.

Denn auch außergewöhnliche Persönlichkeiten mit außergewöhnlichen Erfolgen, so wie es einst **Galileo Galilei** (1564-1642), **Isaac Newton** (1643-1727), **James Clerk Maxwell** (1831-1879), **Heinrich Hertz** (1857-1894), **Ernst Mach** (1836-1916), **Albert**

Einstein (1879-1955) oder andere historische Größen waren, sind in der theoretischen Physik zu einer avantgardistischen Rarität geworden, da nicht jeder, der erst einmal die alte Leier auswendig lernen muß (mitsamt ihrem gesamten unnötigen Ballast), noch genügend Zeit hat, auf den schnell fahrenden Zug der Wissenschaft zu springen, geschweige denn Vermögens genug ist, diesen Zug mit neuen revolutionären Ideen zu überholen, um der Wissenschaft neue Wege zeigen zu können und um innovative Trends zu setzen.

Den Mut einen Trend setzen zu wollen, beansprucht aber diese Abhandlung, da sie sich nicht an die vorgegebenen Konventionen der Wissenschaft hält, sondern frei und von philosophischen Überlegungen her versucht, Problemlösungen zur Beschreibung des Weltprozesses weiterzugeben. Diese Theorie könnte daher eines Tages die Möglichkeit haben, im Gesamten oder zu Teilen (und durch neue technische Errungenschaften gefestigt), sich zu etablieren.

Im Laufe der Entstehungsphase dieser *dynamischen Realitätstheorie* entwickelte sich der Gedanke, daß alle Materie, egal von welcher Form, Festigkeit und Dichte, nur ein lokal befristeter Zustand sein kann, der genau das Gegenteilige zur Basis hat, also einen Raum von immaterieller Beschaffenheit und Struktur, und daß alles nur einem einzigen Naturgesetz zugrunde liegt, dem <u>Gesetz der Kraft</u>.

Zudem wird in der *dynamischen Realitätstheorie* klar der Auffassung derjenigen widersprochen, welche ernsthaft behaupten, die in der Natur vorkommenden Substanzen bedürfen keiner Kräfte.

Und hier wird auch der alten und überholten Auffassung widersprochen, daß die Materie einzig und alleine aus Atomen besteht und diese somit als nicht weiter teilbare Objekte zu beschreiben sind, sowie hier widersprochen wird, daß außerhalb dieser Atome nur leerer Raum existieren kann.

Diese Auffassung (die auf **Demokrit** zurückgeht, der ca. 460 Jahre vor unserer Zeitrechnung in Abdera, eine Stadt an der Nordküste des Ägäischen Meeres, geboren wurde) kann in dieser Theorie nicht geteilt werden, da hier die Beschreibung der Welt eine ganz andere ist.

Um uns aber eine andere Weltanschauung begreifbar machen zu können, müssen wir uns von denjenigen Begriffen befreien, die diese atomistische Theorie erst hervorgebracht hat.

Denn auch wenn inzwischen vom Begriff des Atoms als kleinstem und unteilbaren Teilchen Abstand genommen wurde, so wurde es doch nur durch andere Begriffe ersetzt (hier denke ich speziell an die Theorie der sogenannten Quark-Teilchen). Wenn wir uns zudem von so alltäglichen Begriffen wie z. B. die Erde, das Land, das Wasser oder die Berge (etc.) befreien, wo wir als Menschen doch immerzu wandeln, und nur noch in den beiden Begriffen von Zeit und Raum denken, werden wir feststellen, daß zum Beispiel unser Leben, von Geburt an bis hin zum Tod, eine gedachte Linie beschreibt, die mit Koordinaten in Zeit und Raum theoretisch genauestens festgelegt werden könnte.

Das heißt, das Leben eines Menschen oder die Laufbahn eines Körpers kann in Zeit und Raum durch eine "*Weltlinie*" dargestellt werden, als der Folge aller Ereignisse, die der Mensch oder die der Körper erfährt. So beschreibt in der Natur jedes Objekt, jede einzelne Kraft - *auf dem Weg durch Zeit und Raum* - eine bestimmte, ihr eigene zugehörige Linie.

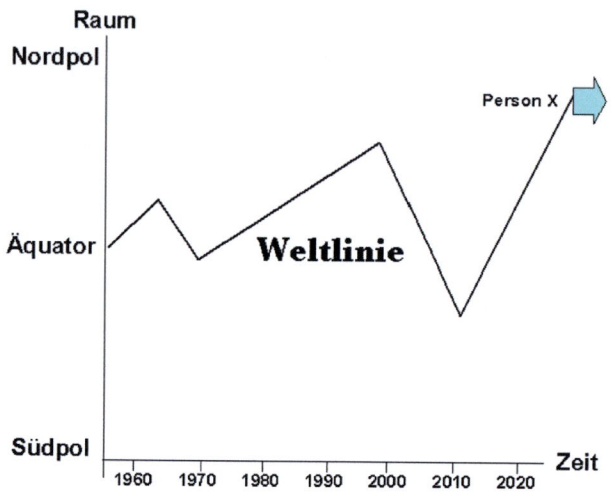

(**Person X** – Wechsel des Aufenthaltortes auf der Erde, Reiseweg durch Raum und Zeit)

Bei dieser sehr einfachen Grafik bitte ich zu bedenken, daß die Erde sich zugleich durch das Weltall bewegt und der Bereich des wahren Ortswechsels einer Person X auf der Erde damit bei weitem größer ist, als hier in der Grafik angegeben. Auch wenn sich eine Person X auf der Erde nicht bewegen würde, würde diese Person sich doch durch den Raum (das Weltall) bewegen. Die absolute Fixierung eines Objektes, an einem bestimmten Ort, ist daher nicht möglich.

8

Und dort, wo die Linien vieler einzelner Kräfte sich an einem bestimmten Punkt kreuzen, also die Kräfte sich an einem bestimmten Ort zusammenfinden und "*bündeln*" und dabei zu einem "*Knoten*" sich ausbilden, entsteht aus diese Zusammenkunft das, was (ab einer bestimmten und definierbaren Größe) wir als "*Masse*" bezeichnen und welches wir dann schließlich, als die höchste vollendet <u>gedachte</u> Form der Substanzen (die scheinbar in unserem Universum anzutreffen sind), nach einer Fülle von physikalischen Prozessen und Wechselwirkungen, als ein "*Schwarzes Loch*" definieren.

Ein *Schwarzes Loch* beschreibt uns hier in dieser Theorie also den Ort eines Ereignisses (*ein Ereignis ist eine spezifische Erscheinung, welche an einem bestimmten Punkt im Raum und zu einem bestimmten Zeitpunkt stattfindet*) mit der größtmöglichen Zusammenkunft von Substanzen auf engstem Raume.

In diesem Raum vergeht die Zeit sehr schnell, und die Bewegungen laufen dort derart langsam ab, daß sie fast zu erstarren scheinen.

In diesem physikalischen Feld ist demnach Licht nicht mehr möglich (daher auch hier in dieser Theorie der Begriff "*Schwarzes Loch*" zu diesem Phänomen), und dieses Feld ist der Ort mit der stärksten bisher bekannten Gravitationskraft und ist zugleich Wendepunkt und Teil des kosmischen Entwicklungsprozesses eines uns bisher <u>gedachten</u> Universums.

In einem Universum können sich zudem viele *Schwarze Löcher* befinden, die alle intergalaktischen Objekte wir **Sterne**, **Pulsare**, **Galaxien** in die eigene *Singularität* hineinziehen. Ein *Super-Schwarzes Loch* dagegen würde so gut wie vollständig das gesamte Universum in sich hineinschlingen und würde es nach dem "*Urknall*" wieder als ein neues Universum aus sich heraus entstehen lassen.

Jedenfalls wird die Vielzahl der *Schwarzen Löcher* im Mikrokosmos- sowie im Makrokosmos-Bereich, also in jeder Form und Größe, uns keine einheitliche Beschreibung dieser Phänomene ermöglichen.

Doch beinhalten diese Phänomene die Gefahr, daß auch wir Opfer dieser Kräfte werden können. Denn diese Phänomene, die zur Entstehung von *Schwarzen Löchern* führen, können auch in unserer nächsten Nähe stattfinden. So beinhalten diese Phänomene aber auch, daß der von den Wissenschaftlern propagierte *Urknall* durch

Schwarze Löcher verzerrt wurde und sich nicht, wie bisher angenommen, gleichförmig ins All ausbreiten konnte. Alle physikalischen Modelle, die eine gleichförmige Ausbreitung des Weltalls propagieren, sind als unrealistisch zu qualifizieren. Der Realität annähern würden sie sich nur, wenn sie die Dynamik der Kräfte - als eigenständige Dimensionen - in ihrer Auswertungen mit einkalkulieren würden. Dies tun sie aber nicht. Das heißt, die bisherigen Modelle auf Basis der *einsteinschen Relativitätstheorie* sind falsch und führen zu unkorrekten Aussagen.

Alles Seiende wird sich mit der Auswertung aller Phänomene uns Menschen, in den tiefsten Gründen unseres Erkenntnisvermögens, letztendlich als reine Dimensionen von Kräften offenbaren. Die Quantenphysik formuliert das heute so: *"Alles ist Information. Ohne Information ist alles Nichts."*!

Egal ob wir das **Seiende** nun *Information*, *Gott* oder *Kraft* nennen, es definiert sich für uns in jedem Fall auch immer als **Raum** - oder besser, als eine Vielzahl von bewegten Räumen. Dabei wird das Seiende (schon unter dem Gesichtspunkt höherer Formen betrachtet, also als *"Knotenpunkte"* raum-zeitlicher Ereignisse auf bestimmten Weltlinienkoordinaten) sich ständig weiter verwandeln, bis die *"Knotenpunkte"* sich zur Materie hin verdichten, wobei diese dann einmal im Prozeß des kosmischen Zyklus sich mit einem der *Schwarzen Löcher* zusammenschließen werden, um von dort aus, in einem innerhalb des Zyklus liegenden reversiblen (*jedoch nicht im engsten Sinne der Entropie gemeinten*) und expandierenden Prozeß des Universums, die Erscheinungsformen der Natur neu zu gestalten, d. h. sich als Knotenpunkte wieder entwirren werden.

Aus weiterfolgendem Gedanken heraus, daß alles Geschehen in der Welt einem unwiderruflichen Wechsel unterliegen muß, also daß das Weltgeschehen auf ewigem Werden beruht und das damit alles schon Gewordene sofort wieder in Veränderungen begriffen ist und damit dem Sinne nach, dem ewigen Verfließen der Erscheinungen, dem *"panta rhei"* entspricht, muß alles Seiende relativ und dynamisch sein.

Alle Realitäten, mit denen wir uns im Leben auseinandersetzen müssen, sind demnach als relativ anzusehen (aber auch solche, die wir nicht wahrnehmen), und damit besitzt auch jede einzelne Realität eine gewisse eigene Dynamik, sich stetig zu verändern. Solch eine Erkenntnis ist eine Absage an ein statisches Bild der uns zugrunde liegenden Erscheinungen, und es ist gleichzeitig eine Absage an ein manifestiertes Bild der Welt. Übrig bleibt nur ein Modell eines Universums, welches eine veränderliche Struktur in sich birgt, das im Gegensatz zu den bisherig geschaffenen Modellen der Welt, uns keine beständige Visualisierung mehr gestattet. Und auch keinen Glauben mehr an Gott!

Um eine Gesetzesmäßigkeit dieser Erscheinungen und ihrer physikalischen Prozesse wissenschaftlich erklären, beweisen, sowie deren zeitliche Abläufe erkennen und die Auswirkungen auf unser Leben feststellen zu können, bedarf es daher einer Wissenschaft, die außer einem ganz besonders hohen Wissensstand auch eine geniale Kreativität beherbergen muß, und deren erklärten Ziel es sein muß, so lange nach den verborgenen Wahrheiten zu trachten, bis sie gänzlich entblößte, für jedermann zugängliche, nackte Wahrheiten sind. Aber es macht auch nur derjenige die Wahrheit wahrhaft frei, der reich an vorurteilsfreier und kritischer Denkkraft ist. Zugleich muß er aber auch eine brillante Frechheit besitzen, sich gegen alt-eingesessene hierarchische Strukturen zur Wehr setzen zu können und diese auch zugleich zu revolutionieren. Auf diesem Wege kann die Wahrheit letztendlich auch nur zu einem Ziele hinführen:

zur immer größer werdenden Freiheit des menschlichen Geistes!

Diesen Grundsatz nehme ich mir daher als Nicht-Physiker auch zur Rechtfertigung, mich (zu einem gewissen, wenn auch nur zu einem begrenzten Teil) in der theoretischen Physik zu betätigen.

Möge man mir dies verzeihen !
– oder auch nicht –

Jedenfalls war dieses Streben, die Wahrheit zu finden, schon für mich ein großes Abenteuer und mit einem hohen Maß an Freiheit verbunden, welches **Ich** (als *Philosoph*) in meinem tiefsten Innern erfahren habe, ohne jedoch lange Zeit bemerkt zu haben, die Wahrheit selber stets mit mir herumzutragen.

Das Problem ist nicht, daß die Wahrheit angeblich nicht existiert, sondern das Problem ist überhaupt zu erkennen, daß die Wahrheit existiert; d. h., daß die Wahrheit reale Existenz ist, also existierende Realität.

So ist auch die Realität des Einzelnen *die Realität*, die dem Einzelnen als eine wahre Realität nicht abgesprochen werden kann. Sie ist zudem ein Ausschnitt aus dem Spektrum der uns durchschnittlich bekannten und als "*allgemeine Wahrheit*" anzusehenden und zu bezeichnenden Realität.

Aber auch die "*allgemeine Wahrheit*" ist keine absolute Wahrheit, denn sie ist eben nichts weiter als eine durchschnittliche, für jeden zugängliche und erkennbare Wahrheit, also damit selbst nur ein begrenzter Aspekt der Realität.

So ist auch ein Inertialsystem (*ein Inertialsystem ist ein Bezugssystem im Sinne der euklidischen Geometrie, indem sich unbeeinflußte Objekte geradlinig bewegen*) nur Teil einer Realität, weil einem Beobachter verschiedene Ereignisse gleichzeitig erscheinen, einem anderen Beobachter aber außerhalb dieses Systems diese Ereignisse zeitlich nacheinander erfolgen.

Im Angesicht dieser Betrachtung zeitlicher und räumlicher Abläufe kann man sich nicht **Immanuel Kants** (1724-1804) Erkenntnis anschließen, daß "*die hinter den erkennbaren Erscheinungen verborgene Wirklichkeit an sich nie erkannt werden kann, da alles, was erkannt wird, ja überhaupt erst gedacht wird und somit schon vom Bewußtsein des Erkennenden her mitgeformt ist*". Denn so schließt Kant das Bewußtsein von der Integration in der Welt aus und setzt das Bewußtsein als eine eigene Welt, die eigenständig und unabhängig von der ihr umgebenden Welt existiert, ein.

Dieser Schluß, den Kant hier zieht, läßt sich aber nur als Trugschluß beurteilen, da unser Bewußtsein in der Natur integriert ist und unsere gesamten Erkenntnisse ein Teil von dem widerspiegeln, was wir als Wirklichkeit erkennen. Das heißt, <u>der Mensch kann die Welt mittels seines Bewußtseins in seinem unmittelbaren Erfahrungsbereich, also in seiner eigenen Bezugsebene, so erkennen wie sie ist, da sie auch so ist - wie sie ihm erscheint.</u>

Denn diese Welt ist eine mannigfaltige Welt, und jeder einzelne, als ein System von Koordinaten, erkennt andere Systeme mit ihren Koordinaten, in relativen Bezug mit den eigenen Koordinaten. Jeder einzelne steht damit in Relativität mit der ihn umgebenden Welt. Damit ist die Wahrheit zwar für jeden einzelnen nur eine relative Wahrheit, aber gerade deswegen, weil sie eine relative Wahrheit ist,

ist sie aber auch gerade erst eine Wahrheit - wenn auch nur eine relative. Doch erscheint diese für jeden in sich selbst als absolut.

Genauso wie eine **Kette von Lichtern** uns eine sich auf- und abbewegende Lichterwelle vorgaukeln kann, indes diese Wellenbewegung aber nur als ein *raum-zeitliches* Aufflackern einzelner Lichter sich realisieren läßt, stellt sich aber gerade wegen dieser Relativität diese Wellenbewegung einem schnell bewegten Beobachter anders dar, als einem langsam bewegten Beobachter.

Die **Wellenbewegung der Lichterkette** ist nämlich nur in einem räumlichen Nebeneinander und einem zeitlichen Nacheinander aufzufassen und von der Bewegung des Beobachters abhängig, also durchaus nur relativ wahrzunehmen. Aber deswegen ist diese wahrgenommene Bewegung des Lichts, als Welle einer Lichterkette, dennoch eine Wahrheit. Wenn auch nur eine relative Wahrheit.

Und genauso ergeht es auch dem Farbenblinden. Für den Farbenblinden ist die Farbe eine Unwahrheit. Aber ist die Farbe deshalb eine Lüge?

<u>**Selbst eine vorgetragene Lüge ist als umgekehrte Wahrheit, eine Wahrheit in sich!**</u>

Wer kann unter diesen Aspekten der Realität sich selbst noch als ein Wahrheitsrichter empfinden, wo ein Wahrheitsrichter doch nur von einer als absolut geltenden Wahrheit aus richten kann?

Auch wenn nun meine Abhandlung (der Relativität wegen) keine absolut gültigen Wahrheiten beinhalten kann, so beinhaltet sie dennoch relative (oder umgekehrte) Wahrheiten in sich.

<u>**Die Wahrheit ist jedem die seinige, unverwechselbar und verschieden und jeweils von anderem Geschmack!**</u>

Daher soll mein philosophischer Aufsatz auch als ein Anstoß für einen Dialog zwischen einer auf Philosophie basierenden *dynamischen Realitätstheorie* und einer *physikalisch-relativistischen* Theorie zur Verfügung stehen, um relative Wahrheiten aufzuzeigen, als auch als einen Appell bewertet werden, festgefahrene Normen und Werte in der Physik, sowie in der Philosophie, neu zu überdenken.

Diese Abhandlung soll damit nicht nur ein **geistiges Abenteuer** sein, sondern in jedem Fall auch ein Werk, das jeden zur Selbstkritik mahnen will, der glaubt, absolute Wahrheiten aufstellen zu können. Zudem ist diese Abhandlung in der Gesamtheit der hier enthaltenen geistigen Auseinandersetzungen als ein *Kunstwerk* anzusehen, welche sich in den Reihen eines **Miro** und **Salvadore Dali** geborgen fühlt.

So werden mir auch alsbald die Philosophen Vorwürfe machen, ich lasse die Philosophie teilweise zu einer abstrakten theoretischen Physik verkommen, und die Physiker werden mir zudem vorwerfen, ich würdige die theoretische Physik zum Teil zu einer surrealistischen Philosophie herab. Aber noch vielmehr wird der religiös veranlagte Leser, meines streitbaren Aufsatzes wegen, mich der Gotteslästerung beschimpfen, weil meine Philosophie in jedem Fall auch eine reine atheistische Philosophie ist.

<u>Nun denn,</u>
<u>so schimpft mal alle schön!</u>

"Der Kampf ist der Vater aller Dinge!"
(**Heraklit**, ca. 490 Jahre vor unserer Zeitrechnung)

Über die Natur

"Allem Sein muß die gleiche Grundlage zugrunde liegen, alles aus dem gleichen beschaffen sein, also alles aus einem und aus einem alles, getrennt und ungetrennt, geworden und ungeworden, sterblich und unsterblich, Ganzes und Nichtganzes, Zusammengehendes und Auseinanderstrebendes, Einklang und Mißklang, ... !".

(Heraklit)

So läßt sich ein in sich geschlossenes System mit wenigen Worten beschreiben.

Diese philosophischen Gedanken liegen a priori in der Erkenntnis begründet, daß alles Komplexe und Komplizierte eine zusammengesetzte Vielheit des Einfachen sein muß, dessen Zusammensetzung durch ein in sich veranlagtes System (Gesetz) gebunden ist.

Das heißt, kennen wir die Gesetzmäßigkeiten dieses Systems, können wir von den komplizierten und komplexen Dingen rückschreitend auf das Einfache folgern, um an ihren Ausgangspunkt, ihre Basis, zu gelangen.

Jedoch lassen sich weder absolute kausale noch absolute finale Grundsätze (Gesetze) festlegen, die in ihrer Gesetzmäßigkeit an die Zeit gebunden sind.

<u>Die Natur, als Weltganzes betrachtet, besitzt weder Kausalität noch Finalität!</u>

In einem geschlossenen System lassen sich also nur abschnittsweise, das heißt: nur auf ein Objekt bezogene, kausale und finale Zusammenhänge erfassen. Ein solches geschlossenes System ist also ein System, in dem alles in einer wechselseitigen Beziehung steht. Das heißt, auf jede Aktion erfolgt eine Reaktion, die wiederum selbst eine Aktion ist, also Aktion und Reaktion zugleich ist.

Die Zeit ist dabei in jedem Fall relativ und immer auf ein Objekt bezogen, das heißt, ein Objekt hat immer eine Eigenzeit. Sie ist in jedem Fall aber auch irreversibel und verläuft nur in eine Richtung, die der Zukunft, ab.

Alle Vorgänge, die von Ursache und Wirkung, also auch die, die von **actio** und **reactio** sind, lassen sich daher zeitlich nicht mehr umkehren. Und nur in diesen wechselseitigen Beziehungen,

15

mit ihren einzelnen Momenten (also denen von Gegenwart, die zu Vergangenheit werden und die Momente, die noch Zukunft sind), erhält die Zeit, mit ihrem richtungsweisenden Verlauf, für uns einen Sinn.

Dieser Sinn aber läßt dieses System, mit seinen komplizierten und komplexen Prozessen, uns zu guter Letzt ein wesentliches Stück durchsichtiger erscheinen. Es liegt also nur an uns, dies alles in dem richtigen Zusammenhang zu sehen.

So ist auch eine wesentliche Grundlage meiner Philosophie der "*dynamischen Realität*" der Bezug zur *Natur*. Wobei immer das Seiende mit dem Begriff "Natur" zu assoziieren ist.

Natur deswegen, weil dieser Begriff als etwas Reales und uns Zugehöriges schon eingebürgert ist, ohne daß dieser jedoch eine klare Definition in sich birgt.

Um diesen Begriff zu präzisieren, bedarf es eines neuen Axioms, welcher sich weitgehend mit den wissenschaftlichen Erkenntnissen der theoretischen Physik deckt, ohne dabei jedoch prinzipielle philosophische Grundgedanken außer Betracht zu lassen. In diesem Sinne ist der Begriff "*Natur*" als approximale Definition, auch als Aussage über den Inhalt meiner Philosophie, im wesentlichen folgendermaßen zu konstituieren:

Die Natur ist das einzig Mögliche, das einzig und allein Reale und somit die ganze Wahrheit und Wirklichkeit. In Ewigkeit!

Die Natur ist das Gesamte und damit das absolut durch sich selbst existierende Sein, dessen Formen (z. B. als Materie) eine Kette von Reaktionen sind, die sich ständig wandeln; die Reaktionen als der dynamische Prozeß ihrer Eigenschaften (Gesetze) sich erklären läßt, die Natur als Kraft zu deuten ist und in Bewegung, Raum, Zeit und Materie sich äußert.

Die Natur ist einzig. Sie existiert ewig und ist unveränderlich. Sie kann nicht aus sich heraus, nicht ihre Eigenschaften (ihr inneres Gesetz - Logos -) verlieren, ohne aufzuhören zu sein.

Die Natur besteht also nur durch ihre Eigenschaften, nach der sie sich bewegt und ordnet und somit sich ihren Eigenschaften unterwirft, also in sich selbst beugt und dehnt.

"Bei allem Wechsel der Erscheinungen beharrt die Substanz, und das Quantum derselben wird in der Natur weder vermehrt noch vermindert."

(Aus **Kant**`s: "Kritik der reinen Vernunft")

Der Grundsatz der Natur und seine physikalischen Auswirkungen

Alles Seiende muß auf einen einzigen Grundsatz zurückzuführen sein!

Um einen solchen absoluten und universellen Grundsatz aufstellen zu können, muß dieser sich selbst bedingen. Das heißt, er muß nicht nur Bedingung für das Seiende (für das er gelten soll), sondern auch zugleich für sich selbst (als Grundsatz) im gleichen Maße Bedingung sein. Denn absolut heißt hier in jedem Fall *für alles Seiende zutreffend*, also damit für sich selbst als Grundsatz auch. In jedem Fall gilt der Grundsatz aber auch als eine Gewalt, die alleinherrschend, uneingeschränkt, unabhängig und losgelöst von jedweder anderen Gewalt existiert. Und ein solcher Grundsatz ist nur absolut, wenn er alle Gewalt in sich birgt.

Dieser universelle Grundsatz darf sich daher nicht vom Seienden trennen, also neben dem Seienden kein Eigenleben führen, sonst schließt er das Seiende als eine eigene Gewalt in seinem Machtbereich ein und sein Absolutheits-Anspruch entfällt im gleichen Maße. Geht dieser Grundsatz mit dem Seienden aber ein Bündnis ein, als eine fest verschlüsselte Einheit, schließt er dagegen die Möglichkeit des nebenher existierenden Seienden, als eine eigenständige Gewalt mit einem eigenen inneren Grundsatz, aus.

Das heißt, daß dann nicht nur alle Gesetze und Gewalten von ihm (dem Grundsatz) ausgehen und er sich entsprechend mit den sich entwickelnden Dingen vervielfältigen und mit ihrer Auflösung wieder auf die Anfangsbasis zurückkommen kann, es heißt dann auch, daß diese Gesetze und Gewalten den Boden dieses Grundsatzes gar nicht erst verlassen können, da dieser Grundsatz, als Allumfassendes und Absolutes, alles Existierende in sich einschließt, also auch seine eigene, als Grundsatz festgelegte, Existenz.

Existiert nun ein solcher universeller Grundsatz, so muß man auch an allen Objekten diesen Grundsatz feststellen können; denn es muß so sein, daß er auch nicht nur von einem einzigen Objekt getrennt werden kann. Selbst wenn wir die Objekte teilen, der innewohnende Grundsatz, der die Existenz der Objekte aufrecht erhält, der teilt und vernichtet sich nicht.

So ist es wohl, daß in allen Objekten, von den kleinen bis zu den großen, von den einfachen bis zu den komplizierten (etc.), eine Kraft zur Existenz zugrunde liegt.

Gleichwohl wie ein Mensch stirbt, wenn er keine Kraft zum Leben mehr hat, oder gar der Krug am Brunnen bricht, hat er die nötige Kraft nicht, das Wasser zu halten und selbst die Blume welken muß, wenn ihre Kraft zum Blühen sie verläßt, so ist in allem zu erkennen, in den großen und in den kleinen Dingen in dieser Welt, ob im Ganzen oder im Geteilten (das als Geteiltes selbst wieder ein Ganzes ist), daß, ohne eine ihr innewohnende Kraft, alles Sein zugrunde gehen muß.

Demnach kann das Seiende nur durch die Kraft existieren und die Kraft selbst existiert nur durch sich.

So muß dann auch der innerste Grundsatz (Logos) der Natur lauten:

"Etwas, was ist, muß Kraft haben, um zu sein!" !!!

Das Seiende existiert also allein aus diesem Grundsatz heraus, und dieser Grundsatz beschreibt zugleich auch das grundsätzlichste Gesetz der Natur, das Gesetz von der **zwingenden Notwendigkeit** des Seins.

Die Natur läßt sich somit *ad hoc* als zwingend konstatieren. Denn würde das Sein nicht sein, so würde das Nichtsein sein. Da aber selbst das Nichtsein eine Kraft haben müßte, um Nichts zu sein, oder anders ausgedrückt, um als Nichtsein zu sein, würde das Nichtsein sein und damit nicht Nichtsein sein. Denn etwas, was ist, hat ja Kraft um zu sein, und kann daher nicht Nichtsein sein. So schließt die Natur, mit ihrem Grundsatz:

"das etwas, was ist, Kraft haben muß, um zu sein",

schon in sich das Nichtsein, als das nicht Seiende, aus.

Wäre das Nichtseiende also existent, so besäße es als das Nichtseiende eine Kraft. Damit wäre aber das Nichtseiende kein Nichts mehr, denn es wäre eine physikalische und berechenbare Größe, also in engstem Sinne wahrhaftige Realität. Also existiert das Nichtsein, als das nicht Seiende, nicht! Existiert aber das Nichtseiende nicht, so ist die Kraft unbegrenzt; unbegrenzt in der Zeit und unbegrenzt im Raum.

Ist die Kraft aber unbegrenzt im Raum, so ist der Raum als unendlich zu beschreiben; und existiert die Kraft ewig in der Zeit, so besitzt die Natur in der Zeit weder einen Anfang noch ein Ende, also weder *Kausalität* noch *Finalität*.

Doch sprengt hier nicht der Gedanke von der Ewigkeit, also von der immer und stetig existierenden Natur, alle Kraft unseres Vorstellungsvermögens?

Tut sie es, dann nur weil die Ewigkeit identisch ist mit der in unendlicher Folge sich aneinanderreihenden kleinsten Zeiteinheiten; denn der Begriff "*Zeit*" beschreibt die Dynamik der Vorgänge in der Natur in zeitlicher Folge (und nur diese reihen sich ewig aneinander), jedoch nicht die Natur - als Begriff einer physikalischen Gesamtheit - selbst. Die physikalische Gesamtheit selbst reiht sich zeitlich, wie auch räumlich, nicht aneinander. Andernfalls wäre sie keine Gesamtheit.

So ist die Natur zwar real, entspringt aber in Wirklichkeit nur der Vorstellung unseres Geistes, welcher die Natur -so oder so- als Begriff bzw. als Oberbegriff sich denkt.

Wie auch die Menschheit als Gesamtheit der Menschen real ist, entspringt sie als Begriff (oder besser als *Oberbegriff*) aller Menschen ebenfalls nur unserer Vorstellung und ist real weder Fleisch noch Blut, also weder Mensch noch viele Menschen, sondern nur der Begriff einer Vorstellung über das Phänomen "*Mensch*" - als Gesamtheit der Menschen.

Genauso wie es sich hier mit dem Begriff der Menschheit verhält, so verhält es sich auch mit dem Begriff der Natur, welche uns als Begriffsdefinition über alle physikalischen Vorgänge in Zeit und Raum unserer Vorstellungen nach zeitlos sein muß, weil die *physikalische Gesamtheit* zu jeder Zeit eine physikalische Gesamtheit ist.

Jedoch bedeutet diese Art der Zeitlosigkeit nicht, daß es in der Natur keine Zeit mehr gibt, sondern nur, daß ihr als Gesamtheit aller physikalischen Erscheinungen keine Zeit zukommt.

Der Begriff Zeit kommt nur in der Natur allein den stetig sich ändernden Vorgängen zu. Aber auch wenn der Natur keine Zeit zukommt, kommt ihr aber, als Begriffsdefinition über die gesamten physikalischen Erscheinungen, doch ewige Dauer zu.

Das heißt schließlich, die Natur existiert ewig und das zur Zeit Seiende ist reale Existenz.

Diese reale Existenz begründet sich im Ausscheiden des Seienden von der *Gegenwart* in die *Vergangenheit*, also auf stetige Veränderung, und jede *Geburt* ist zugleich *Tod* und jeder *Tod* ist zugleich wieder *Geburt*.

Und bei diesem Wechsel, in dem das eine in das andere übergeht, der Sterbende in seinem Tod dem Neuen zum Leben verhilft, verliert das Wort "*Nichts*" jegliche Gültigkeit. Denn das zur Zeit Seiende kann nicht aus dem Nichts, dem Nichtseienden, entstanden sein. Denn wäre das Nichtseiende vor dem Seienden seiend gewesen, wäre das Nichtseiende zu diesem Zeitpunkt ja Seiend gewesen und damit nicht Nichtseiend. Also existierte das Nichtseiende vor dem Seienden nicht!

Aber das Nichtseiende kann auch nach dem zur Zeit Seienden nicht Nichtseiend sein. Denn wäre das Nichtseiende nach dem zur Zeit Seienden seiend, wäre es aber auch zu diesem Zeitpunkt selber seiend, also nicht Nichtseiend. Also wird das Nichtseiende nie sein!

Aber auch <u>der Raum kann nicht endlich sein</u>, da der Raum, wäre er endlich, nach seiner Endlichkeit (also nach seinem räumlichen Ende) an das Nichts, das Nichtseiende, grenzen würde. Das Nichtseiende würde demnach den endlichen Raum in sich einschließen. Dieses wäre aber widersinnig, da das Nichtseiende ja einen Raum einnehmen würde und somit nicht Nichtseiend, sondern etwas Seiendes wäre. **Denn größer als das Umschlossene ist das Umschließende; und weiter als das Begrenzte reicht das Unbegrenzte.** Also ist auch hier auszuschließen, daß das Nichtseiende seiend ist.

Die Kraft ist also die ewige, und bis in die unendliche Ferne, existierende Substanz des Seienden. Aber die Kraft ist auch zugleich eine physikalische Realität. Wie jede physikalische Realität, muß auch diese in physikalischen Gesetzen erklärbar und in Formeln berechenbar sein.

In der *klassischen Physik* ist *die Kraft* nur als *ein Maß für die Stärke eines Zuges oder Stoßes, dem ein Körper ausgesetzt ist, unabhängig von der Dauer des Kraftaktes und der Beschaffenheit des Körpers,* beschrieben. Aber die Kraft ist als eine physikalische Größe noch wesentlich genauer zu beschreiben.

Eine physikalische Größe beschreibt meßbare Merkmale von Dingen, Zuständen oder Vorgängen, die in einem quantitativen Vergleich zu einer als Einheit dienenden Bezugsgröße stehen. Diese

Größe wird durch das Produkt aus einem Zahlenwert und der entsprechenden Einheit bestimmt.

Die Übertragung einer Kraft (Impuls) auf andere Kräfte läßt sich als Bewegung definieren (wobei die Bewegung uns immer als das Ergebnis einer Veränderung erscheint, und jede Veränderung sich als die Folge einer Bewegung darstellen läßt). Dabei vollzieht sich die Bewegung, als die dynamische Funktion der Kraft, immer mit dem Maß einer bestimmten Geschwindigkeit. Gleichzeitig bedeutet die Bewegung aber auch Ortsveränderung in einem Raum.

Hierbei ist zu beachten, daß die Ortsveränderung, als Raumveränderung, nicht gleichbedeutend mit Ortswechsel ist.

Denn die Veränderung eines Raumes vollzieht sich durch die Bewegung in der Zeit; dabei kann die Veränderung des Raumes an einem bestimmten fixierten Ort geschehen. Dagegen bedeutet der Ortswechsel einen direkten Wechsel durch die Bewegung von einem Ort (A) zu einem anderen Ort (B) in der Zeit.

Ort und Raum sind daher getrennt zu betrachten.

Währenddessen der Raum nun ein dynamisches Moment der Kraft ist, ist der Ort lediglich ein bestimmtes räumliches Maß, das wir uns in den Raum setzen. Und während der Raum sich an einem bestimmten Ort ändert, bleibt der für uns fixierte Ort, im Gegensatz zum Raum, unverändert.

Im Gegensatz zum Ort, als einem bestimmten fixierten und abgegrenzten Bereich im Raum, ist der Raum, als ein reines Auseinander und Ineinander, von einer stetigen Dynamik und von Veränderungen ergriffen.

Unbedeutend davon, ob nun ein Ortswechsel oder eine Orts-(Raum-) veränderung vorliegt, vollzieht sich die Bewegung immer mit dem Maß einer bestimmten Schnelligkeit, der **Geschwindigkeit**. Die Bewegung (im Raum) von einem Punkt (Ort A) zu einem anderen Punkt (Ort B) läßt sich also als ein (räumlicher) Abschnitt definieren. Zudem definiert sich alles, was sich in einem Raum bewegt, durch die Zeit. Die Zeit richtet sich dabei nach der Schnelligkeit der Bewegung (Geschwindigkeit) in einem Raum und die Geschwindigkeit richtet sich nach dem räumlichen Abschnitt, in dem die Bewegung, innerhalb einer bestimmten Zeit, sich vollzieht.

Unter diesem Gesichtspunkt ist die Kraft dann definitiv als eine vektoriale Größe zu beschreiben, denn sie hat eine Richtung und einen Betrag.

Unter dem Vektor der Kraft ist das skalare Maß ihrer Geschwindigkeit, unter Berücksichtigung der Bewegungsrichtung im Raum, zu verstehen. Die Kraft übt also ihre Wirkung durch ihre Bewegung und deren Beschleunigung aus.

Die Bewegung ist damit ein Vektor, da sie eine Richtung und einen Betrag hat (den ihrer Geschwindigkeit), dagegen die Geschwindigkeit sich aber nur als das skalare Maß ihrer Schnelligkeit darstellt, also sich die Geschwindigkeit nur als ein Maß versteht, welche sich auf die Bewegung bezieht, und damit nur zur Beschreibung der Schnelligkeit dient. Damit hat die Geschwindigkeit selbst keine Richtung in Zeit und Raum. Das heißt, eine Änderung der Richtung im Raum muß damit nicht mit einer Änderung der Geschwindigkeit einhergehen. Aber eine Änderung der Geschwindigkeit ist immer mit einer Änderung von Raum und Zeit verbunden.

Bei dieser Betrachtung der physikalischen Erscheinung der Kraft ist a posteriori festzustellen, daß die Kraft eine Bewegung haben muß, um ihre Kraft auf andere Kräfte übertragen zu können (die Wechselwirkungen der Kräfte sind hierbei im Sinne des Gesetzes von "ACTIO=REACTIO" beschrieben), und der Schnelligkeit ihrer Bewegung kommt immer eine bestimmte Geschwindigkeit oder Beschleunigung zu.

Die Kraft muß somit immer in stetiger Bewegung und örtlicher Veränderung begriffen sein, denn was sich bewegt, wechselt den Standpunkt (Ort). Diese empirische Erkenntnis *de facto* ist zugleich als eindeutiger "*Beweis*" einer räumlichen Dimension der Kraft zu postulieren. Dieser Erkenntnis fügt sich zwingend und a posteriori die Erkenntnis an, daß die Bewegung auch eine vektoriale Größe sein muß, da auch sie eine Richtung und einen meßbaren Betrag hat. Zudem muß sie auch eine Kraft besitzen, um sich bewegen (d.h. den Ort verlassen) zu können. Also tritt Bewegung nie ohne Kraft auf.

Wir erkennen also, daß das, was ist, Kraft hat und Kraft Bewegung haben muß, um Kräfte ausüben zu können.

Aber etwas, was Bewegung hat, muß auch Raum haben, um sich bewegen zu können.

Wir erkennen also zudem, daß etwas, was ist, nicht nur Bewegung haben muß, sondern auch Raum.

Aber etwas, was sich in einem Raum bewegt, hat auch immer einen bestimmten Zeitablauf.

Wir erkennen also weitergehend und a posteriori, daß etwas, was ist, nicht nur Bewegung und Raum haben muß, um zu sein, sondern auch Zeit.

Bewegung, Zeit und Raum sind somit fest miteinander verknüpft, sie bilden eine Einheit. Diese Einheit ist die vektoriale Größe der Kraft.

Aber etwas, was ist (z. B. ein Objekt mit materieller Dichte), hat nicht an sich die Eigenschaft, Bewegung, Zeit und Raum zu haben; in Wirklichkeit ist es so, daß dieses etwas, was ist, die Eigenschaft der Kraft ist, also essentiell der Bewegung, der Zeit und des Raumes, also allein als eine "Form" anzusehen ist, in welcher Dichte die Kraft und ihre Erscheinungen (also die von Bewegung, Zeit und Raum) sich äußern.

Einer solchen Erkenntnis zufolge, muß sich ein Objekt aber auch immer in Bewegung befinden. Denn wenn ein Objekt physikalisch aus Bewegung besteht, muß es sich auch immer stets bewegen. Ruhe besitzt ein Objekt nur mit dem Beobachter, der sich gleich mit der Geschwindigkeit des zu beobachtenden Objektes bewegt.

Der Unterschied zwischen Ruhe und Bewegung ist also nur von der Wahl des Bezugssystems abhängig.

Das **Trägheitsprinzip** besagt daher fälschlicherweise, daß *ein Objekt in Ruhe oder der gleichförmig geradlinigen Bewegung verharrt, wenn es nicht durch äußere Kräfte gezwungen wird, seinen Bewegungszustand zu ändern.*

Eine solche Theorie, wie die, die das Trägheitsprinzip beinhaltet, kann man auch als eine passive Theorie bezeichnen, da sie einem Eigenleben der Dinge bis hin zu den kleinsten Einheiten widerspricht. Es bedarf in einer solchen Theorie somit immer eines ersten Bewegers von außen, und eine derart mystische Theorie führt damit unweigerlich zu "*Gott*", da alles Sein zuerst in einem passiven Zustand der Ruhe gewesen sein muß, bevor es von außen erst einmal zur Aktivität angeregt worden ist. Diesen ersten Beweger müsste man also außerhalb der physikalischen Realität ansiedeln, damit er nicht selbst unter das physikalische Gesetz des Trägheitsprinzipes fällt.

Bei dem klassischen Trägheitsprinzip bleibt die Geschwindigkeit, also bezüglich Betrag und Richtung, unverändert, ohne die

24

Einwirkung einer äußeren Kraft. Im Prinzip der Dynamik aber besitzt jeder Körper eine eigene Kraft, und es bedarf keiner von außen einwirkenden Kräfte, um eine Orts- (bzw. Raum-)veränderung vornehmen zu können. Diese Theorie hebt sich damit von der klassischen Mechanik eindeutig ab.

Die Erkenntnis von der Eigendynamik der Körper ist, zum Beispiel bei der Berechnung der in Trägheit befindlichen Massen, immer im Auge zu behalten. Eine Ruhe (sprich: "*die absolute Bewegungslosigkeit*") existiert real nicht. Das heißt aber auch, daß ein Prozeß der absoluten Determinierung, welche sich auf das Gesamtsystem **NATUR** bezieht, nicht stattfinden kann. Denn dieser Prozeß würde bedingen, wie im klassischen Trägheitsprinzip, daß jedes einzelne Teil im Grunde seiner Natur passiv und damit kraftlos ist und nur durch Wirkung von außen eine Kraft bekommen kann und auch nur von ihr dann zur Aktivität angeregt wird, also sich dann das Gesetz ACTIO=REACTIO umkehrt zu REACTIO = ACTIO.

Das heißt in einer solchen passiven Theorie aber auch, daß alles Sein darauf abzielt nur Wirkung zu erhalten, um die gewonnene Wirkung auch zugleich wieder weiterzugeben, ohne die Möglichkeit zu haben, aufgrund einer eigenen Kraft, selbst eine Wirkung auf andere Kräfte ausüben zu können.

Dagegen ist die Kraft (hier in dieser dynamischen Theorie) von innen, also aus sich selbst heraus, aktiv.

Diese Kraft setzt sich aus den drei Komponenten zusammen, von denen alles Sein "*durchsetzt*" ist. Das heißt, wir können alle Dinge der Natur teilen, bis ad infinitum, jedoch lösen sich die drei Grundkomponenten (Raum, Zeit und Bewegung) vom Geteilten nicht, weil das Geteilte selbst nichts weiter als **Raum, Zeit und Bewegung** ist.

Kein Objekt in der Natur läßt sich also ohne diese Eigenschaften beschreiben, weil diese Eigenschaften zugleich Eigenschaften wie auch zugleich selbst Objekt sind. Das heißt aber auch, daß diese grundlegenden Eigenschaften der Natur auch nur als Verbund real existieren können. Und das heißt auch, Raum, Zeit und Bewegung bedingen einander. Bedingen sie aber einander, so lassen sie sich nicht in "*Einzelglieder*" zerlegen.

Die Bewegung muß zudem in einer physikalischen Formel mit dem Maß ihrer Schnelligkeit, also der Geschwindigkeit, beschrieben sein, da die Bewegung erst durch die Geschwindigkeit eine berechenbare Größe erhält.

Des weiteren ist die Kraft die allererste und unterste jener Formeln, die die Bezugsebenen definieren. Denn alle Eigenschaften der Natur lassen sich für uns in Ebenen einteilen, auf die wir Bezug nehmen können. Und die Möglichkeiten, die Natur in Bezugsebenen einzuteilen, ist so vielfältig, wie es die Natur selbst ist.

Die Natur ist unendlich vielfältig und unendlich ungleichförmig.

Von daher kann **Newtons** Trägheitsaxiom, welches beinhaltet: *"daß jeder Körper in seinem Zustand der Ruhe oder gleichförmigen geradlinigen Bewegung verharrt, wenn er nicht durch einwirkende Kräfte gezwungen wird, seinen Zustand zu ändern"*, nur falsch sein und alle Theorien, die sich auf dieses Axiom beziehen, müssen auch folglich in die falsche Richtung führen. Hier wird doch postuliert, daß es nur eine gleichförmige Ebene gibt, auf die wir Bezug nehmen können. Es gibt aber unendlich viele (und ungleichförmige) Ebenen, auf die wir uns beziehen.

Zusammengenommen nehmen die Bezugsebenen ein holographisches Bild von einem Gebäude ein, in dem alle Ebenen systematisch ineinander aufbauen bzw. miteinander verflochten sind. Die Welt kann hier in dieser Theorie demnach als eine Gesamtheit zeitlich gebundener Kräfte, in Form von bewegten Räumen, betrachtet werden, da Raum, Zeit und Bewegung zu einem einheitlichen dynamischen Gebilde ineinander verschmelzen.

Die Kraft kann somit auch als das Produkt aus Raum, Zeit und Geschwindigkeit betrachtet werden. Falsch wäre es jedenfalls, Werte aus den physikalischen Formeln der bisherigen Physik in die Formeln dieser Theorie hineinzulegen. Sie wären sozusagen nicht kompatibel. Damit würden nur falsche und unverständliche Ergebnisse erzeugt werden. Denn hier diese Theorie hat ein neu interpretiertes Maß der Kraft!

Der **Betrag** einer Kraft konstatiert sich somit wie folgt aus der Formel:

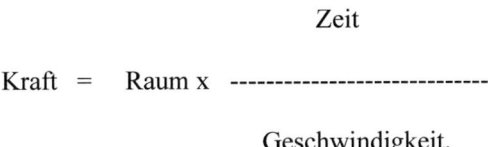

$$\text{Kraft} = \text{Raum x} \frac{\text{Zeit}}{\text{Geschwindigkeit.}}$$

Das heißt, das etwas, was ist (als Kraft), Raum, Zeit und Geschwindigkeit (**Bewegung**) haben muß, um zu sein. Und je nachdem, wie die einzelnen Komponenten sich zueinander verhalten, erhalten sie neue Bezugsebenen und neue Begriffsdefinitionen.

Damit ist das <u>bisherige</u> physikalische Gesetz der Kraft, in dem die Kraft das Produkt aus

Masse x Beschleunigung

ist, ad hoc als falsch zu postulieren. Denn in dieser Formel kann die Kraft, wegen des Faktors der Masse, nur durch die beschleunigte Bewegung eines massehaften Körpers wirken.

Die in der Quantentheorie definierten masselosen Teilchen (Photonen, Gluonen, etc.) hätten in ihrer Theorie in Wahrheit also weder eine Kraft, noch könnten sie eine Kraft übertragen, woraus sich folgern läßt, daß diesen Teilchen keine Bewegung zukommt (und sie a posteriori überhaupt erst gar nicht existieren können). Daher kommt in ihren Theorien, einer Masse (die in Ruhe ist) null Kraft zu.

Da Ruhe aber nur relativ in Bezug zu einem Beobachter existiert, existiert diese angeblich kraftlose, ruhende Masse auch nur relativ zu einem Beobachter. Daraus folgt, daß in ihren Theorien die formale Beschreibung der Kraft nur eine relative Gültigkeit für einen Beobachter eines bestimmten Bezugssystem haben kann.

Dagegen ist hier in der *dynamischen Realitätstheorie* die Kraft universell und für alle Bezugssysteme gleich gültig, da sie, als Grundsatz der Natur, allem Seienden zugrunde liegt. Es können hier also alle Kräfte nur von einer einzigen Grundkraft ausgehen.

Die bisherige physikalische Formel der Kraft:

Kraft = Masse x Beschleunigung

beschreibt damit allein nur die Energie einer beschleunigten Masse und nicht die Kraft selbst (die Kraft selbst ist aber nicht nur allein bei Beschleunigung wirksam). Demnach ist die Formel, zur Beschreibung eines besonderen physikalischen Kraftgesetzes, nur in einer bestimmten und begrenzten Bezugsebene gültig.

Mit der Ihnen nun vorliegenden neuen Formel der Kraft

$$\textbf{Kraft} = \text{Raum} \times \frac{\text{Zeit}}{\text{Geschwindigkeit}}$$

ergeben sich folgende Zusammenhänge:

Wenn der Raum an **Dichte** (*Dichte* = Raumvolumen an einem fixierten Ort) zunimmt, muß die Kraft auch an Betrag zunehmen. Das heißt, wenn das *Volumen* des Raumes an einem fixierten Ort sich mehrt, so mehrt sich auch der Betrag der Kraft. Anders formuliert: je mehr Raum beansprucht wird (auf engstem Raume), umso mehr Kräfte beherbergt er in sich.

Nimmt die Kraft aber an Betrag zu, so erhöht sich auch der Betrag der Zeit, und die Geschwindigkeit (welche im proportional entgegengesetzten Verhältnis zur Zeit steht) erfährt eine negative Beschleunigung. Das heißt, wenn die Dichte des Raumes an Volumen an einem fixierten Ort zunimmt, so muß außer dem Zeitbetrag auch die negative Beschleunigung (Geschwindigkeits-reduzierung) zunehmen.

Daraus resultiert, daß: je größer die Kraft ist, umso größer die von ihr beanspruchte Raumdichte sein muß, aber umso niedriger ist dann auch ihre Geschwindigkeit.

Kraft = (Betrag zunehmend)

$$+ \quad \text{Zeit}$$
$$+ \text{ Raum (dichte) } =$$
$$- \quad \text{Geschwindigkeit}$$

Erhöht sich dagegen die Geschwindigkeit, erfährt also eine positive Beschleunigung, so verringert sich proportional zur Geschwindigkeit der Betrag der Zeit. Wenn der Zeitbetrag sich aber verringert, so muß das Volumen des Raumes (die Raumdichte) sich auch verringern. Das heißt, wenn die Beträge von Raum und Zeit sich verringern, muß auch der Betrag der Kraft abnehmend sein, und die Dichte des Raumes verdünnt sich mit abnehmenden Betrag der Zeit proportional zur Kraft.

Daraus resultiert, daß: je geringer die Kraft ist, umso geringer auch die von ihr beanspruchte Raumdichte sein muß. Dafür ist aber die positive Beschleunigung umso größer. Nimmt aber die Raumdichte bis ad infinitum ab, so muß dagegen die positive Beschleunigung bis ad infinitum zunehmen. Nimmt die positive Beschleunigung aber bis ad infinitum zu, so ist die Lichtgeschwindigkeit (**c**), als physikalisches Geschwindigkeitsmaß, keine unüberwindbare Konstante.

Kraft = (Betrag abnehmend)

$$- \quad \text{Zeit}$$
$$- \text{ Raum (dichte) } =$$
$$+ \quad \text{Geschwindigkeit}$$

Also könnte man diejenige Kraft, die auch den Ausgangspunkt dieser Theorie darstellt und die zudem den theoretischen Wert einer unendlich hohen Geschwindigkeit hat, auch als die *"Urkraft"* bezeichnen.

Hier stellt sich nun grundsätzlich die Frage: kann die Geschwindigkeit einer einzelnen Kraft überhaupt unendlich hoch sein? Wenn ja, so muß die Raumdichte an einem bestimmten Ort unendlich klein und der Betrag der Zeit zugleich unendlich gering sein. Diese sogenannte *Urkraft* offenbart sich uns aber hier nur als eine reine theoretische Kraft, denn nur als einzelne Kraft, ohne Wechselwirkungen mit anderen Kräften eingehen zu müssen, kann die Kraft in Zeit, Raum und Geschwindigkeit den Term "*unendlich*" haben. Eine *Urkraft* würde also nie mit anderen Kräften in Wechselwirkungen treten.

Aber eine einzelne Kraft ist in der Natur nie alleine und nie ohne Wechselwirkungen, da alles in Beziehungen zueinander steht und miteinander (wie ein Kettenglied mit anderen Kettengliedern) verbunden ist. So ist es aber nun, daß eine Kraft (für sich alleine genommen und ohne Wechselwirkungen) zwar als *Urkraft* eine unendlich hohe Geschwindigkeit haben kann, aber da diese einzelne Kraft nie alleine und nie ohne Wechselwirkungen ist, wird sie auch nie *Urkraft* sein und auch nie eine unendlich hohe Geschwindigkeit erreichen. Ist die Geschwindigkeit aber nicht unendlich hoch, so ist die Zeit und die Raumdichte auch nicht unendlich gering.

Denn wenn ein Objekt eine Geschwindigkeit erfahren würde, die bis ins Unendliche geht (unendlich hoch oder unendlich gering), also sich dieses Objekt verändern würde bis ins unendlich Kleine oder bis ins unendlich Große, heißt das also, daß ein Objekt sich relativ zur Geschwindigkeit entweder (bis ins Unendliche) verkleinern oder (bis ins Unendliche) vergrößern würde.

Wäre es aber so, daß nichts schneller als c (Lichtgeschwindigkeit sein kann, so ließe sich ein Objekt auch nur relativ zur vorhandenen Geschwindigkeit verkleinern, würde also niemals unendlich klein werden. Das heißt aber auch, daß ein Objekt zumindest aus einer Substanz bestehen müßte, die proportional zur Lichtgeschwindigkeit c besteht.

Wenn wir also in unserem Universum eine mittlere Dichte haben, die keine höhere Geschwindigkeit als die Geschwindigkeit c erlaubt, so heißt das, daß wir in unserem Universum nur Substanzen vorfinden werden, die zumindest das Quantum desselben haben, das der Lichtgeschwindigkeit c entspricht. Dies heißt aber nicht, daß eine höhere Geschwindigkeit unmöglich ist. Sie ist möglich, wenn vielleicht auch zur Zeit nicht in unserem Universum, aber der Möglichkeit nach entweder wenn die Dichte unseres Universums sich ändert oder aber außerhalb unseres Universum. Denn so könnte die Lichtgeschwindigkeit, durch ihr begrenztes Maß von ca. 300.000 Kilometer in der Sekunde, uns die mittlere Dichte unseres Universums anzeigen, da die Gesamtheit der Wechselwirkungen der Kräfte der Lichtausbreitung keine höheren Geschwindigkeiten zubilligen würde. Das heißt, die Lichtgeschwindigkeit wäre damit der Schlüssel zur Errechnung der mittleren Dichte und der durchschnittlichen Größe unseres Universums. Und damit ließe sich auch der kosmische Entwicklungsprozeß weiter extrapolieren.

Die Lichtgeschwindigkeit wäre aber auch hier keine eindeutige Konstante, sondern vielmehr nur als ein Parameter zu beschreiben, welcher die Dichte unseres Universums uns zum jeweiligen Zeitpunkt anzeigt oder aber über einen längeren Zeitraum betrachtet, uns statistisch die Veränderungen des Universums beschreibt.

Mit einer veränderten Dichte (das heißt, mit einem veränderten Maß der wechselwirkenden Kräfte im kosmischen Geschehen) könnte sich auch damit die Grenzgeschwindigkeit des Lichts ändern. Und mit einer veränderten "*Konstante*" des Lichts könnten wir also auf eine Veränderung des kosmischen Kräftegleichgewichts aufmerksam gemacht werden.

Doch alle kosmischen Prozesse basieren immer nur auf einer bestimmten Gesamtzahl einzelner gebundener Kräfte. Das heißt, wenn wir von kosmischen Prozessen sprechen, sprechen wir immer von einer bestimmten Ebene auf die wir Bezug nehmen, in welcher die einzelnen Kräfte gebunden sind. Doch Bindungen entstehen durch Zustandsänderungen, und alle Zustandsänderungen begründen sich auf Bewegung. Und alle Bewegung beruht auf dem Gesetz der Kraft. <u>Denn etwas, was Bewegung hat, braucht Kraft, um sich bewegen zu können.</u>

Zudem liegen der Kraft verschiedene Bewegungszustände zugrunde.

Ändert sich bei einer Bewegung im Laufe der Zeit die Geschwindigkeit, liegt eine beschleunigte Bewegung vor. Das heißt, bei einer gleichmäßig beschleunigten Bewegung ändert sich in gleichen Zeitabschnitten die Geschwindigkeit um gleiche Werte.

$$\textbf{Beschleunigung} = \frac{\text{Geschwindigkeit}}{\text{Zeit}}$$

Erhöht sich also die Geschwindigkeit, so liegt eine Beschleunigung vor, wird sie geringer, handelt es sich um eine Verzögerung der Bewegung oder auch um eine negative Beschleunigung. Die gleichmäßig verzögerte Bewegung kann also als

31

gleichmäßig beschleunigte Bewegung mit negativer Beschleunigung aufgefaßt werden.

Die Beschleunigung ist also ein Maß für die Geschwindigkeitsänderung. Genauso ist die Geschwindigkeit ein Maß für die Ortsveränderung eines Objektes, welches sich als das Verhältnis von zurückgelegtem Weg zu der jeweils verstrichenen Zeit definieren läßt.

Um eine gleichmäßige Bahnbewegung eines Objektes feststellen zu können, setzt dies ein Bezugssystem voraus, von dem aus das Objekt beobachtet werden soll. Die gleichmäßige Bahnbewegung eines Objekts besagt, daß das Objekt in gleichen Zeitabschnitten gleiche Wegabschnitte zurücklegt.

$$\textbf{Geschwindigkeit} = \frac{\text{Strecke}}{\text{Zeit}}$$

Bei einer ungleichmäßigen Bahnbewegung errechnet sich der Mittelwert von zurückgelegtem Weg und verbrauchter Zeit mit dem Durchschnitt aus den einzelnen Momentangeschwindigkeiten. Hierbei bezieht sich die Bezeichnung "gleichmäßig" auf den Betrag der Geschwindigkeit und der Beschleunigung der Bahnbewegung, jedoch nicht auf die Richtung.

Sind die Richtung der Bewegung und die Größe der Geschwindigkeit konstant, also geradlinig, so handelt es sich um eine gleichförmige Bewegung. Ansonsten ist die Geschwindigkeit, als Beschleunigung, mit dem Verhältnis von Geschwindigkeitsänderung zur verstrichenen Zeit genauer präzisiert, wenn die Beschleunigung konstant bleibt.

Die Geschwindigkeit läßt sich aber auch nur dann als das Verhältnis von zurückgelegtem Weg zur verstrichenen Zeit präzisieren, wenn die Geschwindigkeit konstant ist. Hierbei ist zu beachten, daß wir stets nur die Durchschnittsgeschwindigkeit bekommen und niemals die Momentangeschwindigkeit, wenn wir mit Zeitintervallen rechnen statt mit Zeitpunkten.

Aus zuvor genanntem ergibt sich somit, *daß: wenn die Geschwindigkeit positiv ist und ihr Betrag zunimmt, auch die Beschleunigung positiv sein muß.*

Jedoch wenn die Geschwindigkeit positiv ist und ihr Betrag dabei abnimmt, die Beschleunigung negativ ist. Ist dagegen die Geschwindigkeit negativ und ihr Betrag nimmt zu, dann ist auch hier die Beschleunigung negativ.

Wenn jedoch die Geschwindigkeit negativ ist und dazu ihr Betrag abnimmt, dann ist die Beschleunigung positiv. Somit liegt der einfachste Fall für eine beschleunigte, geradlinige Bewegung dann vor, wenn die Beschleunigung konstant bleibt. Auf dieser Basis orientieren sich allgemein auch alle bisherigen Geschwindigkeitsmessungen.

Die Bewegungen werden zwar immer physikalisch anhand von sich bewegenden Objekten ("*Körpern*") gemessen, jedoch ist dies kein Postulat, Bewegung nur als Bewegung vom Objekt zu konstatieren. <u>Denn Bewegung läßt sich</u> auch nur (ursächlich) <u>als Kraftübertrag definieren.</u>

So ist es ein erkenntnistheoretischer Fehler, Geschwindigkeit und Beschleunigung nur Sinn bezüglich der Relativbewegungen von Körpern zueinander zuzusprechen, aber nicht bezüglich des Raumes selber. Doch massereiche Körper offenbaren sich uns bezüglich ihres Wesens selbst als Raum, und wenn man einem masselosen Teilchen, wie z. B. dem **Gluon** Bewegung zusprechen will, muß die Bewegung zwar als unabhängig von einem massehaften Objekt zu konstatieren sein, aber nicht als unabhängig von einem Raum. Auch wenn das **Gluon** keine Masse hat, so hat es doch zumindest immer Ausdehnung, also doch auch immer Raum, andernfalls hätte es keine Bewegung.

Ein Objekt existiert folglich mit seinem massereichen Körper erst selbst durch die Bewegung. Damit ist die Bewegung als ihr Bestandteil zu betrachten. Bewegungen sind daher als primäre Ereignisse zu betrachten, die zu materiellen Körpern führen und somit ursächlich (als Bewegungen) als unabhängig von den bewegten Objekten zu definieren sind. Genauso wie ein Raum keiner äußeren Hülle bedarf, um Raum sein zu können. Denn auch wenn wir die theoretisch angenommene Hülle (also die Ummantelung) eines eingeschlossenen Raumes entfernen würden, so wird der Raum doch weiterhin vorhanden sein. Genauso wenn wir die Wände eines Hauses und dessen Dach entfernen würden, würde das Haus zwar nicht mehr existieren, der Raum jedoch, wo zuvor das Haus stand, existiert weiterhin. Beide Eigenschaften, also die von Bewegung und

Raum, sind zu einer physikalischen Einheit miteinander verschmolzen.

Eine Bewegung ist also eine reale Erscheinung und setzt immer einen Raum voraus, so daß man auch von einer realen Existenz der räumlichen Ausdehnung sprechen kann. Denn Ausdehnung ist eine Eigenschaft der Kraft. Der Raum ist dabei aber nicht getrennt von der Kraft zu denken, also Kraft existiert nicht in einem Raum, sondern Kraft ist *"gleichzeitig"* Raum. Der Kraft kommt damit eine absolute Ausdehnung zu. <u>Das heißt, daß die Gesamtheit der vorhandenen Kräfte das Maß für die räumliche Ausdehnung des gesamten Weltraumes ist.</u>

Und das heißt, daß alle Kräfte zusammengenommen - es sind unendlich viele - einen unendlich ausgedehnten Raum einnehmen. Das heißt aber auch, <u>das Weltall erstreckt sich für uns bis in die Unendlichkeit.</u>

Aber Vorsicht! Ganz so einfach läßt es sich mit der Unendlichkeit des Raumes nun doch nicht postulieren. Denn: wenn nämlich jede einzelne Kraft, als sogenannte *Urkraft*, einen unendlich kleinen Raum hat, so hätten wir das Paradoxon, daß das Weltall zwar unendlich weit ist, in seiner Ausdehnung, aber auch unendlich klein. Denn auch viele unendlich kleine Räume ergeben noch lange nicht einen endlichen großen oder einen unendlichen Raum. Das heißt, viele unendlich kleine Räume bleiben zusammengenommen unendlich klein.

Setzen wir nun für unendlich gleich Null ein, und hier können wir für unendlich gleich Null einsetzen, so haben wir eine einfache mathematische Formel als Beweis, das wir für unendlich viele kleine Räume keinen endlich großen Raum bekommen, denn: *Null mal Null ist gleich Null.*

$$0 \times 0 = 0$$
und auch $100 \times 0 = 0$.

Nun ist es aber so, daß die *Urkraft* (mit ihrem unendlich kleinen Raum), aufgrund der Wechselwirkungen mit den anderen Kräften, nur rein theoretisch möglich ist. So könnten wir den Raum aus der Anzahl der Kräfte und ihrer jeweiligen Ausdehnung berechnen. Das heißt, das Weltall wäre zwar unendlich weit, weil es unendlich viele Kräfte gibt, aber in seiner Ausdehnung begrenzt, weil die einzelnen Kräfte einen endlichen Raum einnehmen. Dies ließe sich also ähnlich paradox verstehen wie einen Kreis, der in seinem Umfang zwar begrenzt ist, aber weder Anfang noch Ende hat.

Da aber nun die einzelnen Kräfte mit der Geschwindigkeitsreduzierung volumenmäßig sich vergrößern würden, würde das bedeuten (auf das gesamte Weltall bezogen), daß das Weltall proportional zu den geschwindigkeitsreduzierten Kräften, die eine negative Beschleunigung erfahren, sich vergrößern und proportional mit den entgegengesetzten Kräften, die eine positive Beschleunigung erfahren, sich wieder verkleinern würden. Also würde dieser ganze Prozeß der Expansion und der Kontraktion des *Gesamtsystems* **Natur** der Tätigkeit einer Lunge gleichen; das heißt, auf das Weltall bezogen: es *"atmet"*.

Da eine *Atmungsfunktion* aber nicht möglich ist, da die Natur schon allen Raum einnimmt und sie sich nicht weiter ausdehnen kann, kompensieren sich die Ausdehnungen der einzelnen Kräfte. Das heißt, wenn nun eine einzelne Kraft im Weltall durch seine Geschwindigkeitsreduzierung (negative Beschleunigung) an Volumen zunimmt, so muß gleichwohl anderswo proportional eine Kraft gleichviel an Volumen abnehmen und dabei proportional an Geschwindigkeit (positive Beschleunigung) zunehmen. Damit kompensieren sich die Kräfte in ihrer Ausdehnung gegenseitig, so daß der gesamte Kosmos als *Gesamtsystem* **Natur** stabil bleibt.

Aus dieser Sicht erübrigt es sich auch, von einer Richtung der Entropie des *Gesamtsystems* **Natur** zu sprechen, da Ordnung und Unordnung sich gegenseitig kompensieren und sich Entropiemodelle *(Die Entropie ist in der bisherigen Physik eine Beschreibung der skalaren Größe, die sich aus der Anzahl der Zustände ergeben, die ein System einnehmen kann. Das heißt, die Entropie ist als ein Maß für die Ordnung, beziehungsweise für die Unordnung, zu definieren.)* nur auf abgeschlossene Systeme niederer Ordnung anwenden lassen.

In einem sich stetig entwickelnden Universum ist daher der Gleichgewichtszustand als Endzustand des Universums nicht der wahrscheinlichste sondern der unwahrscheinlichste Zustand.

Erst wenn die Entwicklung abgeschlossen ist, kann ein Gleichgewicht im Universum zustande kommen. Da es aber in einer dynamischen Welt keine endgültig abgeschlossene Entwicklung geben kann, kann es auch keinen Endzustand geben. So unterliegt das Universum zwar aufgrund von Expansion und Kontraktion einem Kreislauf, aber keinem Kreisprozeß. Denn in einem Kreisprozeß (im Gegensatz zum Kreislauf) ist der Wert der Änderungen gleich Null, da der Anfangszustand und der Endzustand vollkommen identisch ist. Dieser Zustand wird aber für das Universum nicht möglich sein, da (im zyklischen kosmischen Prozeß) die Möglichkeit, den Anfangszustand zu wiederholen, in einem unendlich großen Raum unendlich gering ist. Kreisprozesse finden daher nur auf niederen und begrenzten Ebenen statt.

So läßt sich auch der zweite Hauptsatz der Wärmelehre, der als Entropiesatz in der Thermodynamik steht, bei der die Entropie des Universums mit der Zeit zunimmt, nur anwenden, wenn man das Universum als ein abgeschlossenes System niederer Ordnung betrachtet.

Wenn wir das Universum aber als einen Raum von Koordinaten betrachten, in der die Objekte allein durch ihre Lage gekennzeichnet sind, welche durch ihre Anordnung eine Anzahl der möglichen Zustände einnehmen, dann wird es uns schwer fallen, diesem System eine bestimmte ihm eigene obliegende Ordnung oder Unordnung zuschreiben zu können, da der Raum, als ein dynamisches Moment der Kraft, stetiger Veränderung unterliegt und wir somit nicht in der Lage sind, in der ganzen Komplexität, in der uns der Raum erscheint, einen eindeutig identifizierbaren Zustand dieses Systems, zu einem bestimmten Zeitpunkt, zuordnen zu können, um ihn dann als Ordnung oder Unordnung zu beschreiben. Aber was ist denn Ordnung überhaupt? Wie läßt sich Ordnung erklären?

Ordnung zeichnet sich für uns immer als eine übersehbare und systematische Anzahl von Zuständen, innerhalb eines abgeschlossenen Systems und innerhalb eines bestimmten Zeitpunktes, aus. Das heißt, je mehr *Zustands-Aggregate* miteinander verflochten sind, und diese Aggregate für uns als ein systematisches Ganzes unübersehbar werden, also einer erkennbaren Ordnung widerstreben, um so komplexer und chaotischer erscheint uns die Ordnung, so daß wir schließlich diese verflochtenen Zustände (die immer nur innerhalb eines Bezugssystems agieren und die dabei der Gesetzmäßigkeit eines Systems widerstreben), wir nur noch mit dem Begriff der **Unordnung** bezeichnen können.

Unordnung widerstrebt also der Gesetzmäßigkeit eines Systems, wobei diese "*Ungesetzlichkeit*" in Einklang mit der Ordnung eines höheren oder niederen Systems liegen kann.

Die Entropie dagegen beschreibt den Ordnungsverlauf innerhalb einer bestimmten Zeitspanne, so daß wir die Entropie formell als die Änderung der Zustände innerhalb eines abgeschlossenen Systems und durch die Zeit dividiert, beschreiben können. Also betrachten wir die Entropie in Wirklichkeit immer im wesentlichen nur als die

Änderung / Zeit.

Das heißt, daß viele Änderungen innerhalb kürzester Zeit für uns zu einer hohen Entropie (Chaos) führen müssen. Dagegen führen weitere Änderungen, in einer langen Zeitspanne, für uns zu einer niedrigen Entropie. Da hier die Entropie aber so eindeutig von der Zeit bestimmt wird, läßt sich die Entropie, durch die Nichtumkehrbarkeit der Zeitrichtung, auch nicht umkehren. Das heißt, die Entropie führt immer in die eine Richtung, die wir *Zukunft* nennen.

In einem Kreisprozeß, der ja zumindest teilweise oder sogar zur Gänze (durch die Nichtumkehrbarkeit der Zeit) aus irreversiblen Zustandsänderungen besteht, kehren die Zustandsaggregate in diesem Bezugssystem, nach einer bestimmten Zeit, in einem dem Ursprung identischen Zustand zurück, wobei zumindest eine dauerhafte Veränderung außerhalb des Bezugssystems stattgefunden hat. Jedoch ist in einem Kreisprozeß der Wert der Änderungen immer als gleich Null anzunehmen, da der Anfangszustand und der Endzustand immer identisch sind.

So läßt sich zwar der Fortpflanzungsmechanismus der Menschheit als einen zeitlich begrenzten Kreisprozeß verstehen, in dem sich Leben stetig wiederholt, aber für den einzelnen Menschen besteht, durch Geburt und Tod, dieser Kreisprozeß des zurückgeholten Lebens nicht. Ist der Mensch, als ein bestimmtes Maß an Entropie, nicht ein gutes Beispiel für die als nicht umkehrbar zu bezeichnende Entropie, durch die Nichtumkehrbarkeit der Zeit?

Wenn dem nicht so wäre, so wäre es denkbar, daß der Mensch den Prozeß von Geburt bis hin zum Tod umkehren könnte in einen Prozeß vom Tod bis hin zur Geburt. Ein solch paradoxer Prozeß ist indes jedoch noch nie beobachtet worden. Da sich die Entropie immer innerhalb einer Zeitspanne ändert, läßt sich das Maß der Entropie auch immer unter der Betrachtung der Geschwindigkeit der Zustandsänderungen definieren.

Wenn aber nun Ordnung zu Formen, wie z. B. zur Materie, führt, so ist es doch folgerichtig, daß der Urknall ein Produkt höchster Entropie gewesen ist und daß das Universum durch Entropieabnahme statt durch Zunahme entstand. Weiterhin ist davon auszugehen, daß mit der hohen Entropie des Urknalls eine hohe Temperatur verbunden war. Die Ausbreitung des Universums und die damit einhergehende Entropieabflachung muß wiederum mit einem Temperaturrückgang verbunden gewesen sein.

Wenn die Entropie zudem aussagt, daß eine hohe Entropie auch mit einer hohen Geschwindigkeit der Zustandsänderungen verbunden ist, und im Falle des *Urknalls* war sie hoch, so sagt die Entropie auch aus, daß mit der Abnahme dieser hohen Entropie auch eine Geschwindigkeitsreduzierung verbunden ist. Werden nun durch die Entropieabnahme Formen geschaffen, wie es zum Beispiel die Materie ist, so läßt sich folgerichtig daraus schließen, daß dies mit der Geschwindigkeitsreduzierung einhergeht.

<u>Allein schon hier widerspricht sich Albert Einsteins Annahme, daß mit zunehmender Geschwindigkeit ein "Körper" auch an Masse zunehmen muß.</u>

Dahingehend ist mit der Entropie das Gegenteilige verbunden, daß eine hohe Entropie, mit der damit verbundenen hohen Geschwindigkeit, zur Abnahme an Massen führt und eine Abnahme an Entropie, mit der damit verbundenen Abnahme an Geschwindigkeit, zur Zunahme an Masse führen wird.

Da die Entropie mit jedem einzelnen Raumpunkt verbunden ist, bezieht sich die Entropie unseres Universums daher nicht nur auf massehafte Objekte, sondern auf jede einzelne Stelle des Raumes, also auch auf jede einzelne Kraft. Die Möglichkeit, daß Raumpunkte in der unendlichen Weite des Weltalls einen bestimmten Zustand einnehmen können, ist damit auch unendlich oft gegeben. Denn in jedem Fall steht jeder einzelne Raumpunkt des Weltraumes auch immer in einem proportionalen Verhältnis zur Kraft. Das heißt, daß weder der Raum sich **nur** als Kraft bestimmen läßt, noch daß ein materielles Objekt alleine als ein bestimmtes proportionales Verhältnis von Kraft pro Masse zu beschreiben ist, sondern, daß ein materielles Objekt im Grunde auch aus der Eigenschaft der Kraft, also als **Raum, Zeit und Bewegung**, definiert werden kann.

Was Raum an und für sich ist, läßt sich uns primär jedoch nur durch die Koordination von Raumpunkten beschreiben. Die Beschreibung eines z. B. **euklidischen** Raumes basiert auf diese

Aussage. Dagegen wird die Beschreibung eines gekrümmten Raumes aber bei weitem schwieriger, weil hier Zeit und Geschwindigkeit für die Krümmung des Raumes mitverantwortlich sind. Ein Objekt existiert daher in einer Theorie mit einem *Raum-Zeit-Kontinuum* nicht nur im Raum, sondern auch in Zeit und Geschwindigkeit.

Der Raum gibt somit der Kraft ihre *"äußere Erscheinung"*, wobei der Raum für uns gemäß unserer Sinneserfahrung als *dreidimensional-ebener* (euklidischer) Raum existiert, d. h. die geometrische Beschaffenheit ist an allen Stellen und in allen Richtungen gleich sowie unveränderlich und begrenzt. Dreidimensionales *Sehen* und *Messen* ist also nur durch die Koordination der einzelnen Raumpunkte zu einem Gesamtbild möglich.

Dies gilt vor allem in der Besonderheit des euklidischen Raumes (des *Parallelenaxioms*), in dem es in der Ebene zu einer Geraden durch einen nicht auf ihr gelegenen Punkt höchstens eine Gerade, die die erste Gerade nicht schneidet, geben kann. Dagegen ließe zum Beispiel eine nichteuklidische Geometrie es zu, daß es zu einer gegebenen Geraden keine einzige Parallele mehr gibt. Besser wäre es allerdings nur von **Geodäten** zu sprechen, als der kürzest möglichen Verbindung zweier Punkte auf einer ebenen Fläche innerhalb der Raum-Zeit, da eine euklidische oder auch eine entsprechende nicht-euklidische Gerade in der gekrümmten Raum-Zeit durchaus Ungerade (gekrümmt) sein kann. Entspricht die Krümmung dagegen der Form einer Kugel, so sind die Geodäten **Großkreise**.

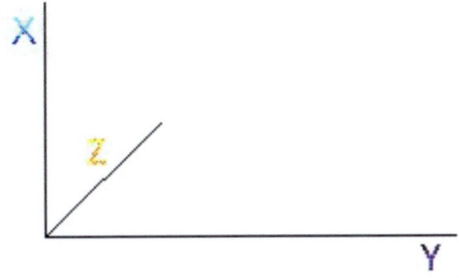

Fällt aber einmal die Fähigkeit der Koordination von Raumpunkten in einem bestimmten Inertialsystem, in der Beziehung zu ihrer Lage (den hier mit den Zeichen **x, y, z** benannten **cartesischen** Koordinaten), weg, so schmilzt das Gesehene oder das

Gemessene mit dem Betrachter in ein sich stetig änderndes eindimensional-zeitliches "*Chaos*" in sich selbst zusammen.

Hieraus ergibt sich die Frage nach der Wahrhaftigkeit der räumlichen Ausdehnung, im Sinne von **Euklid, Descartes, Einstein** etc., und gemäß unserer üblichen Erfahrung. Ist es nun letztendlich so, daß wir uns nur in der Zeit, aber nicht in einem Raum bewegen? Oder aber, daß wir uns nicht in der Zeit, sondern dafür in einem *hyperdimensionalen* zeitlosen Raum befinden?

Jedenfalls wird es notwendig sein, von einem starren dreidimensional-räumlichen und einem eindimensional-zeitlichen Denken Abschied zu nehmen und zu akzeptieren, daß der Raum, wie wir ihn erfahren, vielleicht doch nicht die einzige Möglichkeit ist, in welcher Art und Weise auch immer er (uns) erscheinen kann.

Wie viele Dimensionen der Raum nun wirklich besitzt, und welche Formen diese Dimensionen auch annehmen, sagt nichts darüber aus, ob diese auch statisch sind, also vollkommen unabänderlich, oder ob sie dynamisch sind, also sich stetig ändernd.

Wenn ich also behaupte, die Kraft erfüllt die Bedingung eines Raumes, so ist damit doch nicht mehr darüber ausgesagt, als daß der Raum eine Ausdehnung besitzt, wir die Lage von festen Körpern zwar als Bezugspunkt zur Ausdehnung machen, aber die Ausdehnung, die wir durch die Lage der Körper festgelegt haben, weder als Orientierungsmaß noch als Maßstab des Raumes festlegen können. Genauso wenig, wie wir von der Form eines uns umgebenden Körpers auf die Form des Raumes schließen können.

Und so ist der Raum auch weiterhin als ein Abstraktum anzusehen, da dem Raum (als Erscheinungsbild der *Kraft*) jeglicher Bezugspunkt und jegliche Koordinate fehlt, auf die wir eine bestimmbare Ausdehnung beziehen könnten. Auch wenn ein fester Körper (Raum im) Raum ist, bleibt doch der eigentliche Raum weiterhin im wesentlichen eine unberechenbare Erscheinung von veränderlicher Struktur, welcher jeder absoluten Gewißheit entbehrt, weil er von dynamischer Realität ist, obwohl ein fester Körper, als Bezugspunkt, uns zu einem Netz von Koordinaten verhilft.

Da jeder feste Körper aber auch im engeren Sinne ein Erscheinungsbild der Kraft ist, also von absoluter Ungewißheit bestimmt ist, kann jedes einzelne Koordinatensystem auch nur als ein relativistisches Bezugssystem angesehen werden. Aber allein die Nichtbestimmbarkeit von *absolut* festgelegten Koordinaten gebietet es uns, in aller Freiheit, ein uns gerechtes Bezugssystem zur Koordinierung von Daten selbst zu erstellen.

So wird dann auch in einem sogenannten "*Modell der Raum-Zeit*", welches der besseren Anschauung der Naturgesetze dient (und dies ist der Verdienst von **H. Minkowski**, 1864 - 1909), der drei-dimensionale Raum mit der Zeit verknüpft, also die *cartesischen* Raumkoordinaten **x, y, z** werden mit der Zeitkoordinate **t** zusammengefaßt. Diesen nun vierdimensionalen Raum nennt man ein "*Raum-Zeit-Kontinuum*", aus dessen raum-zeitlichen Verhältnissen sich (jedenfalls in der *dynamischen Realitätstheorie*) das Produkt der Materie ergibt. Dies stellt sich damit in vollkommenen Widerspruch zur "*einsteinschen*" Relativitätstheorie, aus der die Raum/Zeit-Krümmung ein Ergebnis der Anhäufung von Materie ist. Denn nach dieser *einsteinschen* Theorie erzeugt die Materie erst die Gravitation, durch die Krümmung des Raumes und der Zeit. Das heißt, je größer die Anhäufung der Materie ist, um so höher wird die Krümmung der Raum-Zeit sein.

Ob der Raum dabei ursprünglich entweder ein *dreidimensional-ebener, elliptischer, hyperbolischer* oder andersgearteter Raum gewesen ist, ist für die Struktur des Raumes in der *einsteinschen* Theorie nicht von grundlegender Bedeutung, da in dieser Theorie die Materie zwar die Raumstruktur krümmt, aber weder die Struktur des Raumes erzeugt noch strukturell verändert. So kann in dieser Theorie das Gravitationsfeld auch nur beim Vorhandensein von Massen wirken. In der **Theorie der dynamischen Realität** erzeugt und verändert aber die Kraft die Gravitation, da die Kraft ja selbst als Raum und Zeit zu definieren ist und die Kraft somit, als geometrische Basis, sich ihre eigene Struktur herstellt und die **Gravitation** somit nur als **eine Strukturveränderung der Kraft** zu betrachten ist, und damit die Gravitation nur das Verhältnis der Kraft von Raum zu Zeit und Geschwindigkeit beschreibt. Das heißt aber auch, daß diese Strukturveränderungen nicht nur zur Gravitation, sondern auch zu massereichen Körpern führen. Und dies bedeutet auch, daß, je stärker die Gravitation ist, also je mehr die Raum-Zeit gekrümmt ist, um so mehr Materie in einem lokalen Gravitationsfeld sich befinden wird.

Wir können daher nicht annehmen, daß die Gravitationswechselwirkung eine Eigenschaft der Materie ist, sondern wir müssen annehmen, daß die Materie eine Eigenschaft der

Gravitation ist, wobei die Kraft nicht nur mit der Wechselwirkung assoziiert ist, sondern die Kraft selbst ist zugleich Wechselwirkung, wie sie auch zugleich Materie ist.

Das bisherige Gravitationsgesetz:

Masse x Masse / Quadrat des Abstandes beider
Massenmittelpunkte,

kann daher allein nur als Beschreibung der Wechselwirkung zwischen Massen dienen und sagt nichts darüber aus, woher das Phänomen der Gravitation kommt, noch wohin die Kraft der Gravitation im allgemeinen führt.

Daher kann hier die Gravitationswechselwirkung nur als die zentrale Anziehungskraft zwischen zwei Körpern ausgedrückt sein, die den Massen der Körper direkt proportional und dem Quadrat der Entfernung zwischen ihnen umgekehrt proportional ist. Das heißt, entfernt man zwei Körper zum Beispiel auf die doppelte Distanz, so ist die Gravitationskraft nur noch ein Viertel so stark wie zuvor auf der ursprünglichen Distanz. Aber die Gravitation kann sich hier eben nur auf Massen von bestimmten Körpern beziehen, aber niemals auf masselose Objekte selbst.

Dieses Dilemma läßt sich lösen, wenn man bedenkt, daß in allen Objekten und überall im Raum Gravitation vorhanden sein muß; denn nicht nur dort, wo Materie vorhanden ist, wird Gravitation feststellbar sein, sondern überall dort, wo Raum und Zeit durch Beschleunigung gekrümmt sind; wobei das Maß der Krümmung direkt von der Beschleunigung und der Geschwindigkeit der *Raum-Zeit* abhängt. Und überall dort, wo die Wechselwirkungen der Kräfte zur Gravitation führen, werden auch Gravitationswellen feststellbar sein, denn die Wellenbewegung des Gravitationsimpulses läßt sich auch im Ergebnis als Energieübertrag definieren oder als ein Feld, in welchem sich Energie und Impuls der Gravitationskräfte fortpflanzen.

So wird einem Beobachter mit zunehmender Entfernung zur Quelle der Wechselwirkungen auffallen, daß die Intensität der Gravitationswellen in einem *homogenen* Kraftfeld umgekehrt mit dem Quadrat des Abstandes von der Quelle abnehmen und dagegen mit abnehmender Entfernung zur Quelle der Wechselwirkungen mit dem umgekehrten Quadrat des Abstandes wieder zunehmen.

Ist nun bei Kräften, die direkt auf die Kräfte anderer Körper wirken, allein von einem sogenannten Kraftfeld die Rede, so wird nicht nur auf die Geschwindigkeitsänderung, sondern auch auf die Richtungsänderung Bezug genommen (hier können wir ganz allgemein und ursprünglich von *Gravitation* sprechen). Denn die Kraft eines Körpers erhält in Bezug zur Kraft des gravierenden Feldes eine Schwere, welches wir bisher auch als Gewicht bezeichnen, die proportional zur Masse des Körpers steht, auf welcher das Schwerefeld wirkt, wobei dem Körper eine Geschwindigkeit erteilt wird. Die Gravitation entsteht also durch eine Kraft, welche durch Raum und Zeit gekrümmt ist und die imstande ist, andere Kräfte in eine bestimmte Richtung zu führen, wobei die Gravitationskräfte im Verhältnis proportional zum Produkt ihrer Massen und umgekehrt proportional zum Quadrat des Abstandes des gravierendes Feldes stehen.

So erreicht z. B. nach Newtons Schwerkraftgesetz ein Körper im Schwerefeld der Erde eine Fallbeschleunigung von ca. 9,8 Metern pro Sekunde im Quadrat, gleich von welcher Beschaffenheit oder Größe der Körper ist, da die gravierende Kraft auf allen Stellen des Körpers gleich stark wirkt.

Befinden sich dagegen in der *dynamischen Realitätstheorie* zwei Massen in einem bestimmten Abstand voneinander, so ist die Gravitationskraft, die sie aufeinander ausüben, um so größer, je größer die Massen und je näher sie beieinander sind. Das heißt, die durch die Gravitation hervorgerufenen Massen stehen in Wechselbeziehung zueinander. Das heißt aber auch, <u>die Gravitation ist nicht an allen Stellen des Körpers im Raum gleich und somit ist die Gravitation auch keine Konstante.</u>

Gravitation ist also, ähnlich wie Magnetismus, **eine Kraft, die sich richtungsändernd auf andere Kräfte auswirkt.** Sie ist dabei entscheidend von der Struktur der *Raum-Zeit* abhängig und damit vom Zusammenspiel der einzelnen Komponenten der Kraft, also vom prozentualen Zusammenwirken von Raum zu Geschwindigkeit und Zeit.

So definiert sich die Bezugsebenenformel für die Gravitationskraft nun wie folgt:

$$\textbf{Gravitationskraft} = \text{Kraft} \ \times \ \frac{\text{Zeit}}{\text{Geschwindigkeit}}$$

Aus dieser Formel ergeben sich folgende Zusammenhänge:

Wenn die Kraft an Betrag zunimmt, so muß auch die Gravitation zunehmen. Nimmt die Gravitation aber zu, so muß sich der Betrag der Zeit vergrößern, dagegen muß aber die Geschwindigkeit eine negative Beschleunigung erfahren. Daraus resultiert: daß, je größer die Gravitation ist, proportional umso größer auch die von ihr beanspruchte Raumdichte sein muß. Denn je größer die Dichte des Raumes ist, umso mehr haben sich die Geschwindigkeiten der Kräfte reduziert.

Gravitationskraft = (Betrag zunehmend)

$$+ \text{Kraft} = \quad \begin{array}{l} + \text{Zeit} \\ - \text{Geschwindigkeit} \end{array}$$

Reduziert sich jedoch der Betrag der Zeit, so erhöht sich die Geschwindigkeit. Wenn die Geschwindigkeit also eine positive Beschleunigung erfährt, so ist der Betrag der Kraft abnehmend, und damit werden auch die Gravitationskräfte geringer. Daraus resultiert: je geringer die Gravitation ist, proportional umso geringer die von ihr beanspruchte Raumdichte sein muß. Und je geringer der Raum an einem fixierten Ort in seinem Volumen ist, umso höher ist dann die Geschwindigkeit der Kräfte, aber umso geringer ist dabei auch der Betrag der Zeit. Die Gravitationskraft ist also dieselbe Kraft wie die ursprüngliche Kraft, nur bezieht sie sich auf eine andere Ebene. Es gibt also nicht viele verschiedene Kräfte, sondern nur eine Kraft in verschiedenen Ebenen und mit verschiedenen Beziehungen und Bezeichnungen.

44

Gravitationskraft = (Betrag abnehmend)

$$- \text{Kraft} = \frac{- \text{Zeit}}{+ \text{Geschwindigkeit}}$$

Die Gravitation ist in der Bezugsebenen-Hierarchie eine Grundkraft der Materie, sowie auch Elektrizität und Magnetismus sich als deren Grundkräfte beschreiben lassen. Elektrizität, Magnetismus und andere Kräfte lassen sich als Wechselwirkungen in einem "*Ladungsfeld*" beschreiben, in denen auch die Wirkungsrichtungen geregelt werden; also ob die Energie eine abstoßende oder anziehende, eine positive oder negative Wirkung hat. Dabei sind elektrische und magnetische Wechselwirkungen nur zwei verschiedene Aspekte einer einzigen Energie, denn Energie ist letztendlich Kraft.

In der Bezugsebene der Materie definieren sich diese Kräfte als der Ausdruck für die in einem Feld bewegten elektrischen Ladungen, welches die Physik bisher als Magnetismus bezeichnet. Das heißt, ein materieller Körper scheint in seiner Umgebung ein Magnetfeld hervorzurufen, wenn seine elektrischen Ladungen sich bewegen. Daraus resultiert, daß eine Ladung, welche sich relativ zu einem Beobachter in Ruhe befindet, ein elektrisches Feld zu erzeugen scheint, diesem Beobachter aber dagegen eine bewegte Ladung zugleich als ein elektrisches und als ein magnetisches Feld erscheinen muß.

Die Zerlegung eines elektromagnetischen Feldes in seine elektrischen und magnetischen Komponenten kann daher hier kein wirklich objektiver Vorgang sein, sondern dieser Vorgang kann nur allein von der Bewegung der Ladungen relativ zu seinem Beobachter abhängen. Also strahlt hier eine Ladung, welche sich relativ in gleichförmig geradliniger Bewegung zu einem Beobachter befindet, keine elektromagnetische Energie ab. Eine relativ zum Beobachter nicht gleichförmig geradlinig beschleunigte Ladung erscheint einem Beobachter dagegen dann elektromagnetisch zu sein. Zudem wird der Beobachter feststellen, das ein elektromagnetisches Signal nicht schneller als **c** (ca. 300.000 km/s) in unserem Universum ist.

Denn wäre ein elektromagnetisches Signal (jedenfalls in unserem Universum) wesentlich schneller als **c**, so wäre es kein direktes elektromagnetisches Signal mehr; denn dieses elektromagnetische Signal wird mit seiner Geschwindigkeit von ca. 300.000 km/sec zu einem Teilchen des Lichts, welches wir in der bisherigen Physik als *Photon* bezeichnen, das den Übergang von der elektro-magnetischen Strahlung zu einem geladenen Teilchen beschreibt. Licht ist also ein elektromagnetisches Phänomen. Es ist Welle und Teilchen zugleich. Denn dieses Teilchen (*Photon*) offenbart sich uns als reine Energie, welche als Bezugsebene der elektrischen Energie die Kraft zur Geschwindigkeit **c** beschreibt.

Wenn also ein System von Ladungen, zum Beispiel ein Atom, ein Photon absorbiert oder emittiert, das heißt, seine Welle, ein elektromagnetisches Signal, in seiner Geschwindigkeit beschleu-nigt oder reduziert, geht es von einem Zustand in einen anderen Zustand über, also von einer Bezugsebene in eine andere Bezugs-ebene. Das Photon kann also als der Übergang von elektro-magne-tischen Wechselwirkungen zu geladenen Teilchen betrachtet werden, so daß Energie und Impuls des Photons äquivalent zu seiner elektro-magnetischen Welle sind.

Eine Welle läßt sich auch als eine Störung einer geradlinigen gleichförmigen Bewegung durch Zusammentreffen mit einer anderen Bewegungsgröße definieren, so daß ein <u>Photon</u> als <u>eine durch Wechselwirkung hervorgerufene Störung eines elek-</u><u>trischen Feldes</u> zu betrachten ist, welches wiederum zu einem elektromagnetischen Feld führt, und dieses Phänomen sich uns als Licht offenbart.

Wenn aber nun zwei oder mehrere Wellenbewegungen in Raum und Zeit aufeinandertreffen, so erfahren wir hier ein weiteres Phänomen, das der *Interferenz*. *Interferenz tritt* (z. B. in dem Bereich) *auf, wo die reflektierende Welle mit der einfallenden Welle zusammenfällt. Das heißt, Interferenz ist als eine Überlagerung von Wellen zu definieren, wobei eine Welle immer aus einem Wellenberg und einem Wellental besteht. Fallen nun zwei Wellenberge oder Wellentäler zum gleichen Zeitpunkt am gleichen Ort zusammen, so ist die daraus resultierende Amplitude doppelt so groß wie die der einzelnen Wellen. Bei einem örtlichen Zusammentreffen von Wellenberg und Wellental zur gleichen Zeit ist die daraus resultierende Amplitude gleich Null. Eine Welle ist also eine Störung einer geradlinigen gleichförmigen Bewegung.* Jedoch haben Interferenzwellen meist nicht die gleiche Intensität, da jede nachfolgende Reflexion oder Brechung die Intensität reduziert. Das Phänomen der Interferenz ist zudem, genauso wie das Phänomen des

46

Elektromagnetismus, von der relativen Bewegung zu einem Beobachter abhängig. Da Elektromagnetismus aber nur durch die relative Bewegung zu einem Beobachter entsteht, kann auch das Photon nur durch die relative Bewegung zu einem Beobachter entstehen. Wir erkennen also, daß das Photon, das heißt das Licht, nur für uns durch unsere relative Bewegung, welches wir auch in Bezug zu unserem Universum sehen müssen, existieren kann. Das heißt, ändern wir unsere relative Bewegung, welche wir damit auch relativ zu unserem Universum ändern, so ändert sich auch für uns das Licht. Das heißt auch, alles andere, was nicht in dieses Spektrum fällt, würden wir als Materie ohne Licht definieren müssen - also als **dunkle Materie!**

Ansonsten läßt sich zu diesen Vorgängen noch sagen, daß die Quellen des elektrischen Feldes elektrische Ladungen sind und die Quellen des magnetischen Feldes elektrische Ströme. Also sind die Quellen elektromagnetischer Wellen die gleichen wie die des elektromagnetischen Feldes, also die der elektrischen Ladungen. Hierbei erscheinen für uns die elektrischen Wechselwirkungen in einer Größenordnung zu sein, die notwendig sind, um die Bindungen zwischen Atomen zu Molekülen oder die Bindung zwischen Elektronen und Kernen zu Atomen zu bewirken.

Moleküle stellen dabei einzelne Gruppen von Atomen dar, die durch die elektrischen Wechselwirkungen der Kräfte in einer stabilen Konfiguration gehalten werden. Wirken dabei mehrere Kräfte auf einen Körper, so entspricht die daraus resultierende Gesamtkraft die der Summe aus den einzelnen Kräften. Das heißt, daß die einzelnen Komponenten der Gesamtkraft der Summe aus den Komponenten der Einzelkräfte entspricht.

Werden also einer Gesamtkraft einzelne Komponenten entzogen, so müssen diese Komponenten in anderen Bezugskörpern oder Bezugssystemen auffindbar sein. So das bei einer physikalischen Reaktion, deren Gesamtkraft man einzelne Kräfte entzieht, man damit proportional der entwendeten Einzelkräfte gleichviel Kräfte auf ein anderes System überträgt, also hier scheinbar eine gleichgroße Gegenkraft hervorruft, deren Bewegungsgesetz bisher als *actio = reactio* bezeichnet ist. Das heißt, *actio = reactio* bezieht sich immer auf die Komponenten der entwendeten Einzelkräfte einer Gesamtkraft, die aber nicht Gegenkräfte hervorrufen, sondern, als Energie abgezogen, auf andere Körper übertragen werden (z. B. bei zwei aufeinander prallenden Körpern als Umformungs- oder

Wärmmeenergie). So wandelt sich z. B. bei Beschleunigung eines Körpers die potentielle Energie in eine kinetische Energie um.

Die potentielle Energie ist die Kraft, die in einem Körper ist, der zu einem bestimmten Bezugssystem in Ruhelage sich befindet. Damit ist die potentielle Energie vom Bezugssystem abhängig, da eine Ruhelage nur in Bezug zu einem System existiert. *Dagegen ist die kinetische Energie die Kraft, die sich aus der Geschwindigkeit der Bewegung ergibt, also auch aus der Geschwindigkeit eines Körpers.* Potentielle und kinetische Energien sind also nicht zwei Energiesysteme, die als vollkommen getrennt zu betrachten sind, sondern sie beschreiben nur den Zustand einer einzigen "*Ur-Energie*", der Kraft.

Zudem bleibt die Gesamtenergie eines abgeschlossenen Bezugssystems, in welchem sich Körper bewegen, konstant, wenn die Kräfte der bewegten Körper, in Bezug auf das System, in einem Kreisprozeß sich bewegen.

Wie sich die einzelnen Energieformen innerhalb eines Bezugssystems nun beschreiben lassen können, hängt jeweils von den Wechselwirkungen ihrer Kräfte und ihrer Bezugsebene ab. Denn der Begriff der Wechselwirkung läßt sich auch als die Fähigkeit, die Kraft, verstehen, den Zustand eines oder mehrerer Bezugssysteme zu ändern.

Dem Wechselwirkungsgesetz unterliegen auch die "*Farben*" der Quarks, den kleinsten Teilchen in der Quantenphysik, die die **Chromoelektrodynamik** beschreibt. Diese Teilchen, welche aus einem Feld von Ladungen heraus entstehen (und somit im Ladungsfeld geregelt sein muß, ob ein Teilchen zu einem Teilchen oder zu einem Antiteilchen wird), werden durch Wechselwirkungen geregelt.

Einen solchen Regelmechanismus kann man hier wie folgt erklären:

Eine durch Gravitation gebundene Ladung verändert ihre Ladung in Folge von Wechselwirkungen. Die Ladungsrichtung, ob *positiv* oder *negativ* geladen, erklärt sich als die Beschleunigungsrichtung der Geschwindigkeit ihrer Kräfte. Erhöht sich die Geschwindigkeit, so ist die Ladung negativ geladen und Raum und Zeit verringern sich proportional. Verringert sich dagegen die Geschwindigkeit, so erhalten sie eine positive Ladung, und Zeit und Raum erhalten proportional einen zunehmenden Betrag. Genauso verhält es sich dergleichen bei allen Substanzen, die mit abnehmender Geschwindigkeit positiven Charakter tragen und dagegen bei zunehmender Geschwindigkeit ein negatives Vorzeichen erhalten. In der Bezugsebene der Materie wird dabei die *negative Materie* auch als die **Antimaterie** bezeichnet.

Die Unterscheidung zu treffen, ob Materie *Materie* ist oder *Antimaterie*, ist wichtig, denn hätte einst unser Universum ein Übergewicht an positiver Substanz gehabt, so hätte es nach dem Urknall keinen Prozeß der Expansion mehr gegeben.

Dagegen hätte ein Übergewicht an negativer Substanz dazu geführt, daß das beginnende Universum schon in der Phase des Urknalls in sich zusammengefallen wäre. Bei einem Gleichgewicht jedoch, von positiver und negativer Substanz, würde der Prozeß der Expansion kompensiert werden von der Kontraktion und so lange in einem Zustand des Gleichgewichts verharren, bis ein Übergewicht zur einen oder anderen Seite entstände und sich das Universum dann ausdehnen oder in sich zusammenfallen würde. Aber diese Prozesse, bei denen es zu einem Übergewicht zur einen oder zur anderen Seite hin kommen würde, lassen sich zudem als ein Vorfeld der Quantenprozesse (welche durch *Fluktuationen* geregelt werden) bezeichnen.

Das Ladungsfeld ist hier von der Gravitationskraft aus folgendermaßen definiert:

$$\textbf{Ladungsfeld} = \text{Gravitationskraft} \times \frac{\text{Zeit}}{\text{Geschwindigkeit}}.$$

Das heißt, das Produkt aus der Gravitationskraft und ihrer zugrundeliegenden Eigengeschwindigkeit und Eigenzeit läßt sich als ein Ladungsfeld beschreiben.

Aus dieser Formel ergeben sich folgende Zusammenhänge:

Wenn die Gravitationskraft sich verstärkt, also ihr Betrag zunimmt, so muß der Betrag des Ladungsfeldes auch zunehmen, also sich das Feld von Ladungen verstärken. Wenn sich also nun das Ladungsfeld verstärkt, so ist der Betrag der Zeit zunehmend und die Geschwindigkeit reduziert sich, erfährt also eine negative

49

Beschleunigung. Das heißt, wenn die Gravitationskraft zunimmt, so muß außer dem Zeitbetrag auch die negative Beschleunigung zunehmen.

Daraus resultiert: daß, je größer das Ladungsfeld ist, um so größer auch die von ihr beanspruchte Raumdichte sein muß.

Ladungsfeld = (Betrag zunehmend)

$$+ \text{Gravitationskraft} = \begin{array}{l} + \text{ Zeit} \\ - \text{ Geschwindigkeit} \end{array}$$

Verringert sich dagegen die Gravitationskraft, so erfährt die Geschwindigkeit eine positive Beschleunigung und der Betrag der Zeit verringert sich. Wenn sich der Betrag der Zeit aber verringert, so erhöht sich proportional zur Zeit die Geschwindigkeit. Erhöht sich aber die Geschwindigkeit, wird nicht nur der Zeitbetrag geringer, sondern auch die von dem Ladungsfeld beanspruchte Raumdichte. Das heißt, wenn das Volumen des Raumes an einem fixierten Ort und sein Zeitbetrag sich verringern, so verringert sich auch der Betrag des Ladungsfeldes. Daraus resultiert: daß, je geringer der Betrag des Ladungsfeldes ist, um so geringer auch die von ihm beanspruchte Raumdichte sein muß.

Ladungsfeld = (Betrag abnehmend)

$$- \text{Gravitationskraft} = \begin{array}{l} - \text{ Zeit} \\ + \text{ Geschwindigkeit} \end{array}$$

Damit ist auch diese Formel des Ladungsfeldes nur als eine Beschreibung einer Bezugsebene zu konstatieren, die den elektrischen Ladungen zuzuordnen ist. Sie sagt aber nichts direkt über die regelnden Mechanismen der Wechselwirkungen aus. In der Physik läßt sich auf Grund bisheriger erkenntnistheoretischer Fehler *Masse* nur als Definition für die Gesamtzahl (*Summe*) aus einzelnen unabhängigen materiellen Körpern in einer systematisch gebundenen Körpermasse präzisieren. Dagegen ist hier in dieser Theorie die Masse ein Produkt des Ladungsfeldes und damit auch ein Produkt

50

der Gravitation. Die kleinste gedachte Einteilung einer Masse ist daher hier bestimmt durch die Einheit eines *Impulses*.

In der bisherigen Physik ist dagegen der Impuls immer noch gleich dem Produkt aus **Masse x Geschwindigkeit**. Hier wird aber postuliert, daß eine Masse mit dem Faktor ihrer Geschwindigkeit (und nur dann, wenn sie sich bewegt, hat sie eine Geschwindigkeit) einen Impuls produziert. Wenn hier also nun eine Masse von einem Zustand der Ruhe in den Zustand der Bewegung versetzt werden soll, so bedarf es immer eines Anstoßes, also eines Impulses, von außen, das heißt, der Anstoß kommt immer von einer anderen sich bewegenden Masse und niemals von innen heraus, also er kommt niemals von der Masse selbst. Hier muß man aber fragen, wie denn überhaupt die Masse sich bewegen konnte, wenn der urtümliche Zustand der Masse der der Ruhe gewesen ist? Also, wie kam einst überhaupt der erste "*Stein*" ins rollen? Durch Gott, als den unbewegten Beweger?

Wenn aber nun durch die Formel: *Masse x Geschwindigkeit*, das Produkt des Impulses entsteht, so kann folgerichtig wiederum von einem masselosen Objekt kein Impuls ausgehen. Das heißt, ein *Proton* oder ein Gluon (als masselose Objekte) können auch nichts in Bewegung setzen, da durch sie nicht das Produkt des *Impulses* entsteht, auch wenn sie sich mit hoher Geschwindigkeit bewegen, denn aus **Null** *Masse x Geschwindigkeit* ergibt sich auch immer gleich **Null** *Impuls*. Folglich muß dagegen in einer Theorie, wo eine Kraft von innen heraus wirkt, und die auch auf masselose Objekte anwendbar ist, auch der Impuls von innen heraus wirken. Damit ist in einer solchen Theorie (wie hier in dieser Theorie) der Impuls nicht das Produkt aus *Masse x Geschwindigkeit*, sondern ganz entgegengesetzt *Masse x Geschwindigkeit* ist das Produkt des *Impulses*. Und da die Impulse, die zur Masse führen, von einem geladenen Feld ausgehen, werden die Impulse hier in dieser Theorie auch als die *Ladungsimpulse* bezeichnet.

Dagegen ist der Impuls, wie er in der klassischen Physik beschrieben ist, das Produkt aus einer anderen Bezugsebene, und zwar der des *Massefeldes*. Der Begriff "*Feld*" ist hier als eine physikalische Eigenschaft, die sich über einen bestimmten Bereich im Raum erstreckt, als die dynamische Funktion von Ort und Zeit beschrieben (der in dieser Physik beschriebene Impuls könnte daher in einer dynamischen Theorie als *Massefeldimpuls* beschrieben werden).

Der **Impuls** *des Ladungsfeldes* gehört in der dynamischen Theorie einer Bezugsebene an, welche erst zur Masse führt. Diese Einheit (Impuls und Ladung) besteht in ihrer Substanz aus den **Kräften** die in den Ladungsfeldern gebundenen sind, welche aus der Geschwindigkeit ihrer Bewegung (wobei die Zeit hier als proportionaler Kehrwert der Geschwindigkeit einzubeziehen ist) resultieren.

Der Ladungsimpuls entspricht aber auch dem in den Quantentheorien definierten *Wirkungsquantum*, welche unter der Bezeichnung **h** als Plancksche Konstante bezeichnet ist. Die Konstante **h** bezeichnet die *Dimension der Wirkung* "**Energie x Zeit**" und wurde um 1900 von **Max Planck** (1856-1947) in die Physik eingeführt. Hierauf baut die Quantenphysik auf, ebenso wie auf die Unschärferelation von **Werner Heisenberg** (1901-1976), bei der bei einer gleichzeitigen Messung der Größen von Energie und Zeit sich diese beiden Größen nur so weit bestimmen lassen, daß das Produkt beider Ungenauigkeiten - des Impulses - größer als das durch **2 pi** dividierte Plancksche Wirkungsquantum **h** ist.

Das heißt, daß die Unsicherheiten in unserer Kenntnis des Impulses und des Ortes eines Teilchen umgekehrt proportional sind. Eine solche Unschärferelation besagt also, daß Ort und Impuls nicht gleichzeitig bestimmt werden können, weil das Produkt aus Orts- und Impulsschärfe immer größer sein muß als das Plancksche Wirkungsquantum **h**, oder anders formuliert, daß das Produkt aus dem Energiedefizit und der Lebensdauer eines (emittierten) virtuellen Teilchens (*Photon*) niemals kleiner sein kann als diese Plancksche "*Konstante*". Zudem steht die Quantenphysik auf dem Paradoxon, daß alles Seiende sich durch *Wirkung ohne Ursache* bestimmt und somit die Zustände der Mikrophysik unvoraussagbar sind.

Den *Ladungsimpuls* mit dem Planckschen Wirkungsquantum **h** gleichzusetzen, wie hier in dieser *dynamischen Realitätstheorie*, bedeutet aber nicht nur, daß dieses Wirkungsquantum nicht das kleinstmögliche Wirkungsquantum ist, sondern es bedeutet auch, daß die Gravitationskraft geringer ist als die Plancksche Konstante **h**. Weiterhin bedeutet es, daß im Vorfeld des Wirkungsquantums, dem Ladungsfeld, schon geregelt ist, welche Zustände die einzelnen Energien einnehmen. Damit erscheint auch der Ladungsimpuls, bzw. das Wirkungsquantum, nicht aus dem *Nichts*.

Unbestimmtheit und Unvoraussagbarkeit sind damit, wie die fehlende Ursache zur Wirkung, falsche Auslegungen physikalischer Gegebenheiten aufgrund falscher Grundlagenpolitik. Damit ist die Plancksche Konstante **h** auch keine wirkliche Konstante, sondern beschreibt vielmehr nur einen **Parameter**, den wir für ein bestimmtes Wirkungsquantum in einer bestimmten Bezugsebene definieren können.

Der Ladungsimpuls, als ein Produkt der Grundkräfte, läßt sich in seiner Bezugsebene ebenfalls als ein Quantum an Wirkung definieren.

Für den Ladungsimpuls leitet sich dann folgende Formel ab:

$$\textbf{Ladungsimpuls} = \text{Ladungsfeld} \times \frac{\text{Zeit}}{\text{Geschwindigkeit}}.$$

Aus dieser Formel ergeben sich folgende Zusammenhänge:

Wenn der Zeitbetrag des Ladungsfeldes zunimmt und damit zugleich an Geschwindigkeit abnimmt, so muß auch der Betrag der Ladungsimpulse zunehmen.

Mit zunehmender Geschwindigkeit verringert sich dagegen der Betrag der Ladungsimpulse proportional zur Geschwindigkeit und der Zeitbetrag verringert sich im gleichen Maße. Das heißt, wenn das Ladungsfeld an Geschwindigkeit abnimmt, so nimmt der Betrag der Ladungsimpulse zu. Daraus resultiert: daß, je größer der Betrag der Ladungsimpulse ist, umso größer auch die von ihr beanspruchte Raumdichte sein muß.

$$\text{Ladungsimpuls} = (\text{Betrag zunehmend}):$$

$$+ \text{Ladungsfeld} = \frac{+ \text{Zeit}}{- \text{Geschwindigkeit}}$$

Erhöht sich dagegen die Geschwindigkeit der Ladungsimpulse, so nimmt der Betrag der Zeit ab. Wenn sich aber der

Zeitbetrag verringert, so verringert sich auch der von den Ladungsimpulsen beanspruchte Raum. Das heißt, wenn die Dichte des Raumes an einem fixierten Ort sich verringert, so verringert sich auch der Betrag der Ladungsimpulse.

Daraus resultiert: daß, je geringer die Anzahl der Ladungsimpulse, umso geringer auch die Raumdichte und der Zeitbetrag sind.

Ladungsimpuls = (Betrag abnehmend)

$$- \text{Ladungsfeld} = \frac{- \text{Zeit}}{+ \text{Geschwindigkeit}}$$

Einer Masse läßt sich somit immer eine bestimmte Anzahl von Ladungsimpulsen zuordnen, deren Gesamtgröße sich aus der Summe der vorhandenen Ladungsimpulse und dem Betrag ihrer Geschwindigkeit errechnen läßt. Auch wird diese Feststellung dem Axiom gerecht, daß die Kraft stets im proportionalen Verhältnis zur Masse steht, da Masse, im Innersten ihres Wesens, sich aus Kräften bestehend beschreiben läßt.

Die Formel zur Errechnung der Masse muß daher lauten:

$$\textbf{Masse} = \text{Ladungsimpulse} \times \frac{\text{Zeit}}{\text{Geschwindigkeit}}.$$

Der Faktor Zeit ist auch hier ein entscheidendes Kriterium, da der Wert einer Masse auch von der momentanen Eigenzeit der Masse abhängig ist, wobei die Zeit wiederum proportional als Kehrwert von der Geschwindigkeit bestimmt wird.

Aus dieser Formel der Masse ergeben sich nun folgende Zusammenhänge:

Wenn die Ladungsimpulse zunehmen, so nimmt auch die Masse zu. Nimmt die Masse aber zu, so erhöht sich der Betrag der Zeit und die Geschwindigkeit erfährt eine negative Beschleunigung. Das heißt, wenn die Masse zunimmt, so nimmt auch proportional zur

54

Masse die Dichte des Raumes an einem fixierten Ort zu. Daraus resultiert: daß, je größer die Masse ist, umso größer der Raum in seinem Volumen an einem fixierten Ort sein muß. Je größer aber die Beträge von Zeit und Raumdichte sind, umso geringer ist dann auch der Betrag der Geschwindigkeit.

Dagegen nimmt in Einsteins Relativitätstheorie die Masse mit zunehmender Geschwindigkeit an Masse zu. Dies ist in jedem Fall ein Paradoxon, denn etwas, was beschleunigt wird, verliert an Energie und damit auch an Masse. Eine Rakete, die beschleunigt wird, verliert mit dem Betrag ihrer zurückgelegten Strecke ihren Treibstoff und damit an Gesamtmasse. Ihre Energie, welche im Treibstoff enthalten ist, ist im Ziel geringer als vor dem Start, da der Treibstoff seine Energie, und damit sich selbst, in Wärme- und Bewegungsenergie umgewandelt hat. Ein Langstreckenläufer hat seine eigene innere Energie in kinetische Energie und Wärmeenergie umgewandelt. Es ist dagegen gegenteilig noch nie festgestellt worden, daß ein Langstreckenläufer durch seinen Energieverbrauch zugenommen hat. Auch wenn die Wissenschaftler in ihren Forschungslaboratorien eine Zunahme an Masse bei Beschleunigung festgestellt haben, so ist dies doch wahrscheinlich nur auf andere Effekte oder Phänomene zurückzuführen.

Eine Zunahme an Masse durch die aufgewendete Energie, die benötigt wird, um ein Masseteilchen zu beschleunigen, halte ich daher für wahrscheinlicher (da ein Masseteilchen sich wahrscheinlich eher einen Teil dieser Energie impliziert) als eine Zunahme an Masse durch Energieverlust bei Beschleunigung. Einen Beweis für die Richtigkeit der *dynamischen Realitätstheorie* könnten die Wissenschaftler daher selbst erbringen, wenn sie die technischen Möglichkeit schafften, Geschwindigkeiten zu messen, die größer sind als die Lichtgeschwindigkeit **c**.

Wenn nämlich eine hohe Geschwindigkeit wenig Zeit bedeutet (und dies ist ein Prinzip der Relativität) und Masse bei hoher Geschwindigkeit an Raum (und damit an Masse) abnimmt, so ist das Verhältnis, zumindest hier in dieser dynamischen Theorie, von der Zeit zur Masse gleich

$$\frac{\text{Zeit}}{\text{Masse}}$$

und das Verhältnis der Geschwindigkeit zur Zeit gleich

$$\frac{\text{Zeit}}{\text{Geschwindigkeit.}}$$

So ist gewährleistet, daß die Zeit proportional entgegengesetzt zur Geschwindigkeit steht und damit das Verhältnis von der Masse zur Zeit proportional ist und somit auch das Verhältnis von der Masse zur Kraft äquivalent bleibt.

Hat dagegen die Masse (wie in der Relativitätstheorie) eine Zunahme an Trägheit bei hoher Geschwindigkeit und nimmt somit an Masse zu, so bedeutet das, daß bei hoher Geschwindigkeit viel Masse vorhanden ist, aber dazu wenig Zeit und somit die Zeit zur Masse in einem proportional entgegengesetzten Verhältnis steht. Dies würde aber in derselben Theorie das Prinzip der Relativität verletzen, daß die Zeit im entgegengesetzten Verhältnis zur Geschwindigkeit steht. Denn wenn die Zeit zur Masse entgegengesetzt ist, ergibt sich daraus die Paradoxie, daß zwei gleich schnell beschleunigte Objekte mit unterschiedlichen Massen mit zwei verschiedenen Zeiten zu messen sind. Dies würde aber wiederum Einsteins Relativitätsprinzip verletzen, welches von Newtons Schwerkraftgesetz ausgeht, das besagt, daß verschiedene Objekte unterschiedlicher Größe, als frei fallende Körper, bei gleicher Geschwindigkeit und gleicher Strecke, mit einer gleichen Zeit, also miteinander zeitgleich, zu messen sind. Oder anders formuliert, daß zwei Körper im freien Fall bei gleicher Geschwindigkeit nach gleichen Zeiten eine Strecke gleicher Länge zurücklegen müssen.

Dagegen steht hier in dieser dynamischen Theorie folgerichtig, daß die Masse unterschiedlicher Körper, auch unterschiedliche Zeiten und Geschwindigkeiten haben müssen. Das heißt, ein Objekt steht in proportionaler Beziehung zu seiner eigenen Eigengeschwindigkeit und Eigenzeit und nicht zu der eines anderen Objektes.

Masse = (Betrag zunehmend)

$$+ \text{Masse} = \begin{array}{l} + \text{Zeit} \\ - \text{Geschwindigkeit} \end{array}$$

Erhöht sich die Geschwindigkeit, so verringert sich die Masse. Verringert sich aber die Masse, so verringert sich auch der Betrag der Zeit. Das heißt, wenn sich der Zeitbetrag verringert, so muß auch die Masse abnehmend sein. Daraus resultiert: daß, je weniger Ladungsimpulse sich zur Masse zusammenschließen, desto geringer ist die Masse proportional (im Sinne des *Energie/Masse-Äquivalenzprinzips*) zur Energie der Ladungsimpulse.

Masse = (Betrag abnehmend)

$$- \text{Masse} = \begin{array}{l} - \text{Zeit} \\ + \text{Geschwindigkeit} \end{array}$$

Die Masse läßt sich auch (wie z. B. das Licht) als eine Art "*Frequenz*" (im Sinne des *Welle-Teilchen-Dualismus*) beschreiben, dessen Impulsbereich des Ladungsfeldes eine bestimmte für uns vermittelbare Dichte zukommt, die in unserer Gefühlswelt explizit in Erscheinung tritt. Deswegen wird auch nur eine bestimmte "*Frequenzdichte*" von unseren Sinnen wahrgenommen. Andernfalls würde wir an der Flut der Informationen "*ersticken*". Daß wir dabei die Masse nur in einer bestimmten Frequenzdichte wahrnehmen können, liegt an unserer eigenen Masse und ihrer Eigenzeit (Dieses begrenzte Spektrum unserer Sinneswelt läßt sich jedoch mit technischen Hilfsmitteln erweitern.).

Wir erleben daher unsere Umwelt nur in einer bestimmten Bezugsebene, die, wenn wir sie verlassen würden, für uns nicht mehr so wie bisher erkennbar wäre. Allein eine Änderung unserer Geschwindigkeit, welche einhergeht mit einer Änderung der Zeit, würde unsere gesamte Umwelt verändert aussehen lassen. Damit ist aber auch unsere Umwelt dynamisch und wir können uns kein statisches Bild der Welt zugrunde legen. Daß wir nur einen bestimmten (dynamischen) Teil, also nur einen Ausschnitt aus der Natur, wahrnehmen, läßt sich an folgendem Beispiel klar erkennen:

Wenn wir mit einem Flugzeug, welches eine konstante Geschwindigkeit von 300 km/h hat, eine Strecke von 3000 Kilometern fliegen, so erleben wir zehn Stunden lang diesen Flug. Fliegen wir aber mit einer Rakete, welche konstant 3000 Kilometer in der Sekunde zurücklegt, so erleben wir die Überbrückung dieser Strecke nur einen Augenblick, eine Sekunde, lang. Fliegt die Rakete aber konstant mit Lichtgeschwindigkeit, also 300.000 Kilometer in der Sekunde, so können wir keine Bewegung mehr ausmachen. Denn in einem so kleinen Bruchteil einer Sekunde nehmen wir keine Bewegung mehr wahr.

Woher sollten **wir** also dann wissen, daß wir uns bewegt haben? Und woher sollten wir wissen, mit welcher Geschwindigkeit wir uns durch das All bewegen, wo wir doch nur durch den Bezug auf unsere Umwelt relativ begrenzte Bewegungen wahrnehmen können? Wir können uns diesbezüglich nur an anderen Objekten messen, die bis auf eine gewisse Differenz (+ -) gleich hohe Geschwindigkeiten haben.

So bedingt sich, daß alles Wahrnehmungsvermögen von unserer Geschwindigkeit durch das All begrenzt ist, welche uns die Grenzen unserer Bezugsebene aufzeigt. Das Erkenntnisvermögen dagegen ragt weit über das bloße Wahrnehmungsvermögen hinaus und bildet keinen (durch die Geschwindigkeit bedingten) direkt begrenzten geistigen Horizont. Aber so können auch Ereignisse, die an entfernten Orten liegen, schneller Einfluß auf uns ausüben, als es die Relativitätstheorie zuläßt, da der Impuls eines Ereignisses mit einer höheren Geschwindigkeit als mit der Geschwindigkeit **c** sich ausbreiten kann. Allein die Signalausbreitung des Lichts hat eine Ausbreitungsgeschwindigkeit von ca. 3000.000 km/s. Das heißt, den Einfluß eines Ereignisses können wir nicht bemerken, wenn das Signal für uns selbst nicht mehr bemerkbar ist, weil es sich in einer anderen Bezugsebene befindet.

Die Konstanz des Lichts ist also allein auf die Eigenschaft des Signals bezogen, welches kein solches Signal mehr für uns wäre, würde es sich mit einer anderen Geschwindigkeit bewegen, da dieses Signal des Lichts sich dann in eine andere Bezugsebene begibt. Dieses Signal beschreibt also eine bestimmte Frequenzdichte, welche als Licht in unserem Frequenzbereich eine Geschwindigkeit von ca. 300.000 km/s erreicht.

Die Frequenzdichte läßt sich also als ein Feld bestimmter räumlicher Dichte und Intensität an Bewegung bezeichnen, wobei der bisherige Grenzwert (300.000 km/s) der Lichtgeschwindigkeit uns die Grenze unseres Frequenzbereiches der optischen Signale anzeigt. Daher können wir die Lichtgeschwindigkeit für die Ausbreitung eines optischen Signals in unserem Bezugssystem ansehen. Und ein Masseteilchen würde nach unserer Begriffsdefinition Null Masse besitzen, wenn es sich mit Lichtgeschwindigkeit bewegen würde, so daß wir die Lichtgeschwindigkeit als Grenzwert beim Übergang der Masse zur reinen Impulsenergie, und umgekehrt, betrachten können. Das heißt aber auch, daß Masseteilchen, die auf höhere Geschwindigkeiten beschleunigt werden, keine Existenzmöglichkeit als Masseteilchen haben. Denn je niedriger die Geschwindigkeit der Masse (bzw. ihrer Ladungsimpulse) wird, umso mehr Masse "*bindet*" bzw. "*kettet*" sich zu einem materiellen Körper aneinander. Die Materie ist deshalb genau genommen eine systematisch durch Zusammenschluß gebundene und durch Geschwindigkeitsreduzierung verlangsamte Anzahl von Ladungsimpulsen in der Dichte von Massen.

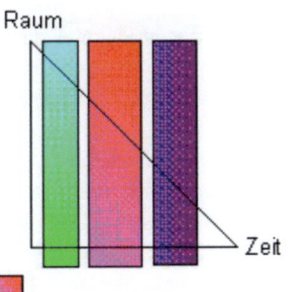

Bereich der Masse, der von unserer Sinneswelt aufgenommen werden kann. Der Übergang vom masselose Impuls zur Impulsdichte der Masse ist dabei fließend. Also ist der Begriff "Masse" auch nur für einen bestimmten Bereich der Raum-Zeit-Krümmung zu verstehen.

Die Eigenzeit und die Größe der Materie, bzw. die Dichte ihrer Massen (also auch die Anzahl ihrer Ladungsimpulse), steigt daher proportional mit ihrer Geschwindigkeitsreduzierung. Diese Bindungen und Kettungen werden physikalisch mit den Kräften, die durch Wechselwirkung stattfinden, beschrieben. Die Wechselwirkungen zwischen zwei materiellen Körpern kann daher proportional ihrer Ladung und umgekehrt proportional dem Quadrat des Abstandes zwischen den Ladungen beschrieben sein.

Die Materie besitzt also als Erscheinungsform (als existierende Substanz), eine Wesenheit, die allen Substanzerscheinungen gleich ist, einen durchgängig gemeinsamen wirkenden charakterisierenden Wesenszug: Widerstandsfähigkeit und Bewegungsvermögen, auf höherer Ebene: *Masse* und *Energie*. Letztendlich ist beides zurückzuführen auf die Dynamik der Kraft.

Jedes Stück Materie ist dazu mit einer weiteren wichtigen Ebene gekennzeichnet: der *Ladung*. Wobei sich die Ladung in positive und negative (elektrische) Ladung unterscheidet. *Die Gesamtladung eines materiellen Körpers definiert sich in der klassischen theoretischen Physik physikalisch-mathematisch als die algebraische Summe aus seiner positiven und negativen Ladung.* Dagegen definiert sich die Materie in der dynamischen Realitätstheorie aus folgender Formel:

$$\textbf{Materie} = \text{Masse} \ \ x \ \frac{\text{Zeit}}{\text{Geschwindigkeit}}.$$

Dies hier steht damit wieder einmal im völligen Gegensatz zur Relativitätstheorie, nach der ein Körper mit zunehmender Geschwindigkeit auch an Masse zunimmt und bei Lichtgeschwindigkeit unendlich schwer sein würde.

Ganz im Gegensatz dazu ist festzustellen, daß Masse und Energie mit wachsender Geschwindigkeit abnehmen und bei erreichen der unendlichen Geschwindigkeit diese Masse auch unendlich klein wäre, also nunmehr als reiner Impuls zu beschreiben ist. Denn auch nur so ist es zu verstehen, daß eine Masse nicht mit Lichtgeschwindigkeit beschleunigt werden kann und wir daher auch nur feststellen werden, daß der Trägheitswiderstand mit Annäherung an die Lichtgeschwindigkeit ins Unendliche wachsen würde.

Masse steht also immer im proportionalen Verhältnis zur Geschwindigkeit, genauso wie die Kraft immer im direkten proportionalen Verhältnis zur Masse steht. Sie steht aber auch proportional zum Produkt ihrer Geschwindigkeitsänderung und damit auch zu jedem einzelnen Zeitpunkt proportional zu ihrer jeweiligen Lageenergie, d. h. der Energie des momentanen Zustandes. Ist die Energie aber nur, wie in der bisherigen Physik, als eine sich mit Lichtgeschwindigkeit bewegende Masse ($E = mc^2$) definiert (was in der selbigen Theorie ja eigentlich gar nicht möglich ist, da ein massehafter Körper mit erreichen der Lichtgeschwindigkeit unendlich schwer werden würde), heißt das, daß diese bewegte Masse in einem äquivalenten (gleichwertigen) Verhältnis zur Energie steht. So postuliert dies aber auch, daß masselose Objekte keine Energien haben können. Denn wenn postuliert wird, das X (Energie) gleich Y (bewegte Masse) ist, so ist auch Y gleich X:

$$X = Y$$
$$Y = X.$$

Ein masseloses Objekt (Z) kann daher weder Y noch X sein. Denn wenn Y auch Z wäre, wäre X nicht gleich Y, sondern X müßte Y und zugleich auch Z sein. Dann müßte aber die Formel $E = mc^2$ den Faktor Z mit einschließen. Dies tut diese Formel aber nicht, da sie nur die bewegte Masse als Energie ($E = mc^2$) definiert. Zusammengefaßt bedeutet das, wenn Z ungleich Y ist, ist Z auch zugleich ungleich X. Das heißt also, wenn ein masseloses Objekt keine bewegte Masse ist, so besitzt dieses Objekt auch keine Energie. Was aber keine Energie (und damit keine Kraft) hat, das existiert real nicht.

Die Energie ist aber als die Aussage über den momentanen Wert der Kraft (in einer bestimmten Bezugsebene unter Einbeziehung ihrer Abhängigkeit von der Eigenzeit und bei einer bestimmten Geschwindigkeit), in dieser Ihnen nun vorliegenden Theorie, neu formuliert:

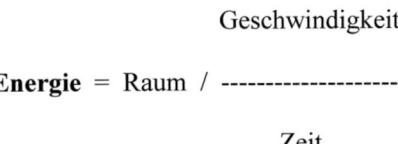

Energie = Raum / ---------------------

Zeit.

Die Äquivalenz von Masse zu Energie ist also gegeben, da die Energie immer im proportionalen Verhältnis zur Kraft steht. Und da sie auch zugleich immer in einem proportionalen Verhältnis zum Raum steht, werden bei Energieübertragung auch immer gleich Räume mit übertragen. Das heißt, wenn ein System an Raum abnimmt, so muß anderswo ein System an Raum zunehmen. Genauso wie ein System an Energie zunehmen muß, wenn anderswo ein System an Energie abnimmt. Es findet also stets und allerorten ein Austausch statt.

So wird hier z. B. die Wärmeleitung auch als die Folge der Übertragung von Energie eines Systems auf ein anderes System definiert; das heißt, es erfolgt ein Transport von (kinetischer) Energie eines Systems mit einer hohen Entropie zu einem System mit einer niedrigen Entropie, wobei nach dem Austausch proportional entgegengesetzt das gebende System an Entropie verliert und das nehmende System an Entropie gewinnt. Die Zu- und Abnahme von Entropie findet aber auch immer mit einer bestimmten Geschwindigkeit der Bewegung statt. Jeder Bewegung kommt dabei immer der Faktor Zeit zu, wogegen aber die Welt, als die Gesamtheit aller Bewegungen, bewegungslos und damit zeitlos ist. Denn die Welt, die ja schon alle Kräfte und damit allen Raum einnimmt, kann sich nicht mehr weiter ausdehnen und sich nicht weiter in einen Raum hineinbewegen, so daß ihr als Gesamtheit aller Räume jegliche Bewegung fehlt und ihr damit der Faktor Zeit nicht zukommt.

So ist es nun, daß die Welt, als *Gesamtsystem Natur*, als zeitlos zu betrachten ist, doch hängt dies auch primär davon ab, ob man die Zeit von der Bewegung als abhängig betrachtet (wie hier in dieser dynamischen Theorie) oder als unabhängig (<u>In einer dynamischen Theorie ist allein die Zeit statisch</u>).

Vergangenheit, Gegenwart und Zukunft existieren hier also nur innerhalb der Natur. Als Ganzes betrachtet ist sie frei von diesen Prädikaten. Denn wäre dies nicht so, so existierte die gesamte Natur (das heißt, die gesamte Welt) nur in jedem einzelnen Augenblick, also nur in der Gegenwart, das heißt demnach, nur zu einem bestimmten Zeitpunkt. Nach jedem Zeitpunkt, also nachdem alle Kräfte sich von der Gegenwart in die Vergangenheit abgegeben haben, würde abrupt nichts mehr existieren. <u>Die Welt würde also so nur einen Augenblick lang existieren. Damit müßte die Natur sich aber auch, als die Gesamtheit alle Kräfte, zu jedem einzelnen Zeitpunkt neu erschaffen.</u> Statt dessen ändern sich dagegen nur die Bewegungsabläufe in der Natur im einzelnen ständig, obwohl der Haupterhaltungssatz der Natur (*das etwas, was ist, Kraft haben muß, um zu sein*) dennoch stets derselbe bleibt. Dieser Grundsatz ändert sich also nicht, es ändern sich lediglich die in der Natur vorkommenden Erscheinungen. Dieser Grundsatz strahlt daher auf jede einzelne Kraft ein gewisses Quantum an Wirkung aus, weil dieser Grundsatz Wirkung wie Gesetz zugleich ist. Er trägt z. B. im gewissen Sinn schon die Hoffnung auf den Punkt **Omega**, also auf den Geist und das Wort (welches die Welt nach der Omega-Theorie einmal vollständig sein soll) in sich.

Ist dieses Gesamtsystem Natur aber von der Bewegung abhängig, so ist sie damit auch als die <u>Einheit der gesamten Bewegungen</u> zeitlos, da die Gesamtheit des Systems, als die <u>Summe aller Bewegungen</u>, sich selbst nicht mehr in einen Raum hineinbewegen kann. Das heißt, die Natur ist in ihrer Gesamtheit als bewegungslos zu betrachten.

Denn würde man das nicht so postulieren, so hätte dies zur Folge, daß die momentane Summe der Bewegungen nicht mehr gleich der Summe der ursprünglichen Bewegungen entsprechen würde, da in jedem Augenblick immer mehr Bewegungen sich dazu addieren oder subtrahieren ließen und das Gesamtsystem, als *Gesamtsystem Natur*, damit nicht mehr die Gesamtheit der Bewegungen wäre.

Dagegen kann man die Zeit, wenn man sie nicht auf das Gesamtsystem bezieht, als absolut und konstant betrachten. Dies ist wie folgt zu verstehen:

V : Vergangenheit   · : Zeitpunkt
G : Gegenwart   > : Bewegungsrichtung
Z : Zukunft   o : Objekt

Statisches Zeitsystem:

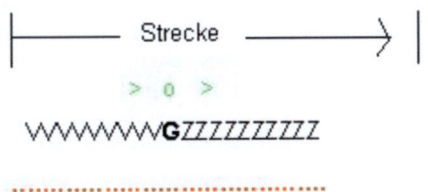

O Das Objekt ist dynamisch und existiert nur in der Gegenwart.

. . . . Die einzelnen Zeitpunkte sind statisch und ohne Bewegungsrichtung.

63

Das Objekt bewegt sich hier durch Raum und Zeit, wobei die Zukunft (**Z**) immer die Zeitpunkte sind, die noch vor dem Objekt liegen. Und die Zeitpunkte, die hinter dem Objekt liegen, sind Vergangenheit (**V**). Das Objekt selbst befindet sich immer in der Gegenwart (**G**).

Allein auf diese Art und Weise kann die Zeit als der proportionale Kehrwert der Geschwindigkeit definiert sein, da, in Bezug auf eine bestimmte Spanne gesehen, die Zeitpunkte der Zukunft mit der Geschwindigkeit schneller oder langsamer zu Gegenwart und Vergangenheit verarbeitet werden. Denn läuft das Objekt die Zeitpunkte der Zukunft schneller ab, so werden sie proportional zu seiner Geschwindigkeit schneller reduziert und zu Gegenwart und Vergangenheit verarbeitet.

Innerhalb einer bestimmten Spanne hat also ein langsames Objekt (zu jedem Zeitpunkt) mehr Zeitpunkte der Zukunft vor sich, als ein sich schnell bewegendes Objekt. Ob die Zeitpunkte schneller oder langsamer abnehmen, hängt also davon ab, wie schnell das Objekt die Zeitpunkte der Zukunft zu Gegenwart und Vergangenheit verarbeitet. Ist das Objekt schnell, so hat es, nach Ablauf einer bestimmten Zeitspanne (eine Zeitspanne schließt alle Zeiten ein), weniger Zeitpunkte der Zukunft vor sich, als wenn es sich mit langsamer Geschwindigkeit fortbewegt.

Hieraus ergibt sich auch der Betrag der Zeit. Das heißt, je schneller die Zeitpunkte der Zukunft zu Gegenwart und Vergangenheit verarbeitet werden, umso niedriger ist der Betrag der Zeit(punkte), die noch innerhalb der Spanne zu Gegenwart und Vergangenheit verarbeitet werden müssen. Das heißt auch, die Zeitspanne, die das Objekt braucht, um die Zeitpunkte der Zukunft zu Gegenwart und Vergangenheit zu verarbeiten, verkürzt sich mit zunehmender Geschwindigkeit bei gleichbleibender Beschleunigung von Streckenabschnitt zu Streckenabschnitt proportional zu gleichen Werten, und auch gleichzeitig relativ zu einem in diesem Bezugssystem befindlichen Beobachter. In einem beschleunigten Bezugssystem sind die einzelnen Zeitspannen, also in Form von Zeitintervallen, für einen Beobachter kürzer, als in einem unbeschleunigten Bezugssystem.

Ansonsten läßt sich ein Zeitintervall als die Zeit (oder die Summe von Zeitpunkten) definieren, die zwischen zwei Ereignissen verstreicht, wie sie von einem Beobachter gemessen werden kann. Je weniger Zeit zwischen diesen zwei Ereignissen verstreicht, umso kürzer ist dann der Zeitintervall. Dagegen ist der Zeitintervall größer, wenn mehr Zeit zwischen diesen zwei Ereignissen verstreicht. Für ein beschleunigtes Bezugssystem bedeutet das, daß die Zeitintervalle sich zu einem Beobachter vergrößern, wenn das beschleunigte Bezugssystem eine negative Beschleunigung erfährt. Oder aber die Zeitintervalle verkürzen sich mit zunehmender Geschwindigkeit proportional zu ihrer positiven Beschleunigung.

Ein solches Zeitsystem kann man nur als *statisches Zeitsystem* bezeichnen, denn hier ist nur das Objekt dynamisch, jedoch nicht die Zeit. Denn wäre alleine die Zeit dynamisch und das Objekt statisch, müßte es für jeden fortlaufenden Zeitpunkt ein statisches Objekt geben. Das heißt, nicht die Objekte bewegten sich in der Zeit, sondern die Bewegung der Objekte kommt erst durch einen bewegten Zeitablauf zustande. In Anlehnung an <u>Zenons Paradoxie der Unmöglichkeit einer Bewegung</u> (hierauf komme ich später noch einmal zurück) heißt das, <u>das Objekt existiert also nur dann wirklich real, wenn der Zeitpunkt der Gegenwart sich auf das Objekt bezieht.</u>

Dies würde wie folgt aussehen:

```
V : Vergangenheit      · : Zeitpunkt
G : Gegenwart          > : Bewegungsrichtung
Z : Zukunft            o : Objekt
```

Dynamisches Zeitsystem:

O Die einzelnen Objekte sind statisch, existieren in Vergangenheit, Gegenwart und Zukunft.

.... Die einzelnen Zeitpunkte sind dynamisch und werden nur in der Gegenwart real existierend, d.h. sie machen die statischen Objekte allein in diesem Moment existent.

Das hier kurz beschriebene *dynamische Zeitsystem*, in dem allein der Zeitpunkt dynamisch ist, und nur Realität in der Gegenwart erhält, entzieht sich unserer allgemeinen und physikalischen Erkenntnis, wenngleich wir davon immer sprechen: "*die Zeit läuft*".

Daher bleibt uns nur die Möglichkeit, das zuerst beschriebene statische Zeitsystem, ad infinitum, zu akzeptieren. Aber auch die Dynamik der Zeit und zugleich die Dynamik des Objekts zu postulieren, würden genauso viele unmögliche Paradoxien hervorbringen, als wenn man beide "*Zeit und Objekt*" als statisch erklären würde.

Der Welt zumindest (als Gesamtsystem) fehlt der Faktor **Zeit**, welche an Bewegungen und damit auch an Ortsveränderungen gebunden ist. An dessen Stelle tritt aber das Synonym der **Ewigkeit**. Dieses Synonym beinhaltet nicht den Begriff der "*Unendlichkeit der Zeit*" in sich, sondern es steht als Begriff für die **Zeitlosigkeit**. Demnach also als losgelöst, frei und unabhängig von der Zeit.

Die Welt verharrt, als Gesamtsystem Natur, in zeitloser Ruhe. Damit wird dieses Faktum auch dem Axiom gerecht, wonach bei Addition aller Bewegungen die Summe der Bewegungen proportional denen der Ruhe sein müssen. Eine zeitliche Messung ist daher nur innerhalb des Weltganzen, also nur in begrenzten Abständen möglich, jedoch nicht im Absoluten, da der Natur, als Weltganzem, keine Zeit, also auch weder *Kausalität* noch *Finalität*, zuzurechnen ist. Eine Messung der Zeit nennen wir deshalb Zeitmessung, da die Zeit das Maß ist, das wir gesetzt haben. Zeit ist also immer relativ und immer mit Zahl verbunden. Die Zahl dient dabei der Erläuterung des *Meßsystems* **Zeit**. Die Zeit orientiert sich dabei immer am Objekt, da sie mit dem zu messenden Objekt immer direkt verbunden ist. Also ist die Zeit als ein dem Objekt innewohnender Bestandteil zu betrachten. Die Erde besitzt zum Beispiel eine andere Zeitrechnung als ein anderer Planet in unserem Sonnensystem.

Wenn wir demnach vorgeben die Zeit zu messen, so messen wir in Wahrheit nur die Bewegungsänderungen im Raum, mit dem Maß ihrer Geschwindigkeit. Messen wir dabei die Zeit zweier Objekte zur gleichen Zeit, so messen wir die Zeitgleichheit (oder die Zeitungleichheit) der Bewegungsabläufe der beiden Objekte zueinander. Sind die Bewegungsabläufe dabei absolut gleich und gleich zur Zeit, so sind sie zeitgleich. Doch ist die Messung der Zeitgleichheit nicht die gleiche wie die der Gleichzeitigkeit. Die

Messung der Zeitgleichheit bezieht sich immer auf die Bewegung der zu messenden Objekte im Raum, wogegen die Gleichzeitigkeit sich allein nur nach der Zeit richtet. Wenn zwei Uhren also nicht zeitgleich laufen (die eine Uhr zeigt 14, die andere 15 Uhr an) laufen sie dennoch gleichzeitig, d. h. beide zur gleichen Zeit. Die Messung der Zeitgleichheit bleibt daher eine relative Zeitmessung, da die Messung zwar zur gleichen Zeit, aber mit verschiedenen Zeiten stattfinden kann. Die **absolute Zeitgleichheit** bedingt dagegen die absolute Gleichzeitigkeit. Der Begriff der Zeitgleichheit ist jedoch im Gegensatz zur Gleichzeitigkeit, nur ein relativer Bezugsbegriff.

Die Zeit läßt sich auch als das proportional umgekehrte Verhältnis zur Geschwindigkeit, in der sich ein Objekt im Raum bewegt, definieren. Die Zeit sinkt deshalb proportional mit der Geschwindigkeitserhöhung (Beschleunigung) eines Objekts.

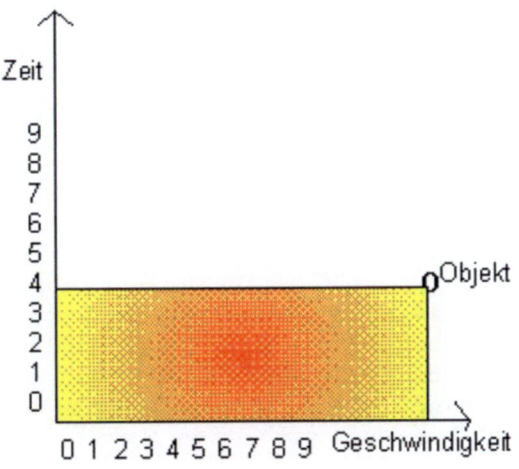

Dagegen steigt die Zeit proportional mit der Geschwindigkeitsreduzierung eines Objekts.

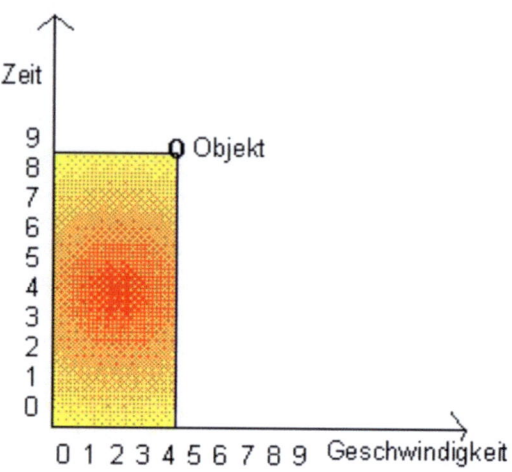

Ändert also das Objekt die Geschwindigkeit, ändert sich die Zeit. Aber wir messen die Bewegung nicht nur durch die Zeit, sondern auch die Zeit durch die Bewegung, da beide einander definieren. Die Geschwindigkeit ist also als die räumlich meßbare Ortsveränderung innerhalb eines Zeitabschnittes zu konstatieren. Damit ist die Zeitmessung auch zugleich an die Ortsveränderung des zu messenden Objektes gebunden. Somit erstreckt sich die Zeitmessung nicht nur in zeitlicher Dimension, sondern auch in den Dimensionen des körperlichen nach Länge, Breite und Höhe. Die Zeitmessung setzt aber nicht erst die Zeit, sondern die Zeitmessung setzt die Zeit voraus. Jedoch würde die Zeit ohne den Messenden, der die Zeit zur Messung setzt, unbeachtet ihrer selbst verlaufen. Und unbeachtet ihrer selbst ist die Zeit nur Verlauf, nicht aber Zeit als Erfahrung. Ohne Erfahrung gibt es aber keine Zeit, die als Maß gesetzt werden könnte.

Messen wir nun einzelne Objekte aus verschiedenen Bezugssystemen zueinander, so desynchronisiert sich die Zeit eines Objektes in Bezug zu einem anderen Objekt, da jedem bewegten System eine Eigenzeit zuzuordnen ist. Jede Messung ist daher von der Wahl des Bezugssystems abhängig, von dem aus wir ein Objekt messen wollen, da der Zeitablauf sich nach dem Bewegungszustand der Systeme richtet.

In der Relativitätstheorie bedeutet das, daß man bei einem gemessenen Objekt eine Zeitdilatation, also eine scheinbare Verlangsamung einer Uhr im Gang feststellt, wenn sich das Objekt mit größerer Geschwindigkeit als sein messender Beobachter bewegt; oder aber entgegengesetzt eine Zeitkontraktion feststellt, wenn der Beobachter sich mit größerer Geschwindigkeit als das zu messende Objekt bewegt. Also ist die Synchronisierung der Zeit von Objekten, im Koordinatennetz eines Bezugssystems, nur dann möglich, wenn es bei gleichbleibender Bewegung und Geschwindigkeit der zu messenden Objekte zum Standort des Beobachters bleibt.

Ein Beobachter, der in Ruhelage zu verharren scheint, bewegt sich jedoch (gemäß der *dynamischen Realitätstheorie*) auch immer mit seiner eigenen Masse in seiner bestimmten Eigenzeit, so daß von einem nichtbeschleunigten Beobachter aus auch nur relativ von seinem Bezugssystem zu einem anderen Bezugssystem Stellung genommen werden kann. Das heißt, daß wir die Welt, so wie wir sie selbst betrachten, nur deshalb so betrachten können, weil unsere Eigenzeit in Wechselwirkung mit der Eigenzeit jedes anderen Objektes, ja sogar jedes einzelnen Raumpunktes, tritt. An jeder Stelle des Raumes könnte man eine Uhr stellen, denn die Folge der Relativität von Zeit und Raum ist, daß es keine absolute und für alle Systeme einheitliche Zeitgleichheit mehr gibt. Ereignisse, die in einem bestimmten Inertialsystem zeitgleich sind, erfolgen in einem anderen System nacheinander.

Dies wiederum heißt aber auch, daß wir uns relativ mit unserer eigenen Masse, als ein System von Koordinaten, zu allen anderen Objekten, mit ihren eigenen Koordinatensystemen, bewegen. Um die Welt nicht nur so betrachten zu können, wie es unser eigenes Koordinatensystem erlaubt, sind technische Hilfsmittel notwendig. Sei es nun ein Elektronenrastermikroskop für den Mikrokosmos oder ein elektronischer Wellenempfänger für dem Makrokosmos. Diese technischen Hilfsmittel werden spätestens dort ihre Grenzen finden, wo die messenden Kräfte mit den zu vermessenden Kräften in Wechselwirkung treten und sich dabei die inneren Strukturen (also die von Raum, Zeit und Geschwindigkeit) der Meßgeräte oder des zu messenden Objekts verändern werden. Messungen unterliegen daher einer Unbestimmbarkeitsrelation.

Aber auch Lage und Bewegung sind hier zwei sich gegenseitig ausschließende Aspekte der Realität (dagegen ergänzen sich jedoch Bewegung und Zeit einander). So beruht Zenons

Paradoxie des Pfeils (und hierauf wollte ich ja noch zurück-kommen) auf dem Fehler, Bewegung und Zeit nicht als zwei voneinander abhängige Gegensätze zu betrachten, denn Zeit und Bewegung sind als Gegensätze eine Einheit. Was also Zeit hat, das hat auch Bewegung.

Zenons Paradoxie besagt daher fälschlicherweise, daß ein fliegender Pfeil, der in jedem beliebigen Einzelmoment (also zu einer bestimmten Zeit) betrachtet wird, sich dabei an einer bestimmten Stelle im Raum in Ruhe befindet und damit in jedem einzelnen Zeitpunkt ruht. Und ruht der Pfeil zu jedem einzelnen Zeitpunkt, so ruht er dann auch im Gesamten. Das heißt, der fliegende Pfeil bewegt sich gar nicht, woraus resultiert, daß keine Bewegung existieren kann.

Dies ist aber real nicht möglich, da etwas, was ist (existiert), zu einem bestimmten Zeitpunkt auch in einer bestimmten Bewegung gewesen sein muß, da die Zeit die Bewegung voraussetzt. Nur etwas, was zeitlos ist, ist auch frei von Bewegung und ruht in sich als Ganzes. Also was Zeit hat, hat auch Bewegung. Wer dagegen postuliert, daß es keine Bewegung gibt, postuliert zugleich auch, daß es keine Zeit gibt.

Den Ort eines Pfeils betrachten zu wollen und zugleich dessen Bewegung, ist daher nicht möglich. Denn die Bewegung summiert die Orte des beobachteten Objektes relativ zur Zeit und läßt sie zu einem zeitlich-räumlichen "*Strom*" zerfließen. Das Objekt an einem Ort zu betrachten heißt aber, ihn in Ruhe, vom Standpunkt des Beobachters aus, verharren zu lassen. Was aber für den Beobachter ruht, das bewegt sich für ihn nicht. So verharren auch die Bewegungen von Objekten, die sich selbst (vom Standpunkt des Beobachters aus betrachtet) gleich bleiben, in Ruhe, da eine Bewegung, die sich zum Beobachter selbst gleich bleibt, sich selbst gleich aufhebt.

Das Resultat aus Zenons "***Beweis der Unmöglichkeit einer Bewegung***" wäre somit, daß Vergangenheit, Gegenwart und Zukunft in einer hyperdimensionalen *Raum-Zeit* zusammengefaßt und inein-andergeschachtelt wären. Denn danach müßte es ja so sein, daß wir uns sozusagen als ein ***Impuls der Zeit*** durch den Raum bewegen, daß aber alles, was ist, stetig und konstant existiert. Wir können dabei aber nur als diesen speziellen ***Impuls der Zeit*** durch alles Seiende hindurcheilen, also von Station zu Station, und damit alles Sein in jedem Augenblick erst zum Leben erwecken (gemäß des *dyna-*

70

mischen Zeitsystems). Sowie die einzelnen unbeweglichen Bilder eines Filmes erst zu einer lebendigen Geschichte werden, indem man sie eilig nacheinander auf eine Leinwand projiziert. Das heißt, wir bewegen uns dann nicht als Objekt durch Raum und Zeit, sondern **wir selbst sind dann die Zeit**, und durch uns bekommt der Raum und die in ihm enthaltenen Objekte zueinander erst eine Bewegung. Also <u>Bewegung wäre eine reine Täuschung.</u> Genauso lehrt es uns ja auch Zenon.

So könnte dann vielleicht auch rein hypothetisch ein Zeitimpuls dem anderen hinterher eilen und das Gleiche immer und immer wieder von Neuem wiederholen und wiederholt zum "*Leben*" erwecken, wovon wir aber als *Zeitimpuls* natürlich nichts mehr mitbekommen würden, da auch hier, wenn die Gegenwart für uns zur Vergangenheit geworden ist, wir keinen Einfluß mehr auf diese Vergangenheit hätten und diese damit unserem *Leben* entzogen wäre. Denn es gilt auch hier, was für uns nicht gegenwärtig ist, entzieht sich unserer physikalischen Realität. Oder aber der *Zeitimpuls* kehrt in seiner Richtung um und läuft die einzelnen Stationen rückwärts ab, kehrt also in die Vergangenheit wieder zurück und wir könnten den Tod vor unserem Leben erleben.

Solche und andere phantastische und atemberaubende Möglichkeiten lassen sich mit einer solch transzendenten Theorie (des *dynamischen* Zeitsystems) kreieren. In einem solchen System hätte Schrödingers "*Katzen-Paradoxon*" wirklich eine Existenz-berechtigung (siehe hierzu im Anhang das Fremdwörterverzeichnis). So interessant auch solch eine Theorie wäre, würde sie dennoch unseren allgemein verständlichen und physikalischen Erfahrungen widersprechen. Zumal dieser sogenannte *Zeitimpuls* dem Gesetz der Kraft entsprechen müßte (dieses Gesetz ist ein wesentlicher Bestandteil der Natur). Damit unterläge der *Zeitimpuls* auch diesem Gesetz, weil sich vom Kraftgesetz aus alle weiteren Naturgesetze aufbauen und damit auch die Möglichkeit einer "***Unmöglichkeit der Bewegung***" ausgeschlossen ist. Denn wäre das nicht so, dann müßte die Zukunft alle Möglichkeiten offen halten, zu welchem Weg der *Zeitimpuls* sich auch entscheidet, irgendeinen bestimmten Zustand einzunehmen. Also müßten in *dynamischen* Zeitsystemen schon zu jeder Zeit alle möglichen einzunehmenden Zustände existieren, wobei es jedoch unter der "*Freiheit*" des einzelnen *Zeitimpulses* liegen würde, sich für einen dieser Zustände zu entscheiden.

Wie auch unsere eigene Bewußtseinsebene eine Bezugs-ebene ist, welche von der Kraft ausgehend hierarchisch sich aufbaut, so lassen sich auch die Größenverhältnisse der Begriffe *"Ladungsimpuls"*, *"Masse"* und *"Materie"* für uns immer von der Kraft ausgehend beschreiben, denn sie sind nichts weiter als Bezugsgrößen, die in einem bestimmten Verhältnis zur *"Ur"*-Kraft stehen und als Maß, zur Errechnung der Naturwerte, uns zur Verfügung stehen. Materie (z. B.) zeichnet sich im Besonderen dadurch aus, daß es als Masse eine direkt wahrnehmbare Dichte einnimmt. Dagegen besteht der Ladungsimpuls aus der kleineren nicht direkt wahrnehmbaren räumlichen Einheit der Masse. Ein Impuls ist damit nicht, wie in der klassischen Physik beschrieben, das Produkt aus Masse x Geschwindigkeit, sondern Masse x Geschwindigkeit ist das Produkt der Ladungsimpulse. Denn in dem Moment, indem sich die Geschwindigkeit verringert und die Kraft in unserem Bezugssystem für uns meßbar wird, ersetzt sich der Begriff *"Ladungsimpuls"* durch den Begriff *"Masse"*, obwohl beide Begriffe in ihrem wesentlichen Inhalt das gleiche bedeuten. Masse gilt daher nur als Oberbegriff zum Ladungsimpuls, also den für uns als volumenmäßig meßbar zu beschreibenden und zu berechnenden Teil des Ladungsimpulses.

In der klassischen Physik ist der Impuls nicht direkt als ein bestimmter Zustand eines Ladungsfeldes beschrieben, daher kann in dieser Theorie (besonders wegen des in ihm enthaltenen Masse-faktors) die Impulse hier auch nur durch Masse wirken. Dagegen ist der Urzustand des Ladungsimpulses (in Bezug auf seine Bewegung), in der dynamischen Realitätstheorie derjenige Zustand, der mit einer höheren Geschwindigkeit zu definieren ist, als es die Masse erfahren kann, wobei allein die postulierte *Urkraft* an sich (wenn auch nur theoretisch) eine unendlich hohe Geschwindigkeit haben kann, da sie (wenn auch wiederum nur theoretisch) von allen Bezugsebenen in der Bezugsebene agiert, welche eine unendlich geringe Wechsel-wirkung hat. Das bedeutet für die Kraft: <u>je weniger Wechselwirkung mit anderen Kräften, desto höher ist ihre Geschwindigkeit.</u>

Aber an dieser Stelle werden die alten Theoretiker folgerichtig einwenden, daß es ja dann überhaupt keine unendlich hohe Geschwindigkeit geben kann, wenn alles in der Natur mitein-ander verbunden ist und wechselwirkend miteinander agiert. Die Geschwindigkeitsgrenze muß also bei circa 300.000 km/s (Lichtge-schwindigkeit) liegen.

Ihnen möchte ich entgegnen, daß ihre begrenzte Annahme, daß die Lichtgeschwindigkeit eine absolute Konstante ist (was bedeutet, daß nichts schneller als Licht sein kann), doch nichts weiter besagt, als daß die begrenzte Lichtgeschwindigkeit von 300.000 km/s des Lichts offenbar nichts weiter ist als eine Eigenart des Lichtes oder daß das Medium, in welcher sich das Licht bewegt, ihr keine höhere Geschwindigkeit zubilligt. Es ist aber damit nicht als Beweis ihrer Absolutheit anzusehen, selbst wenn die Wissenschaftler auch heute noch keine höhere Geschwindigkeit messen können. Damit erhält auch das universelle Gesetz von Albert Einstein

$$E = mc^2$$

nur Universalität in der eigenen, sich selber begrenzenden, Gesetzmäßigkeit.

Betrachten wir diese Formel einmal genauer:

Die Konstante **c** besagt, daß sich das Licht in einem bestimmten Bezugssystem (im Vakuum) nicht schneller als ca. 300.000 km pro Sekunde ausbreiten kann. Der Term der Einheit s (Sekunde) besagt in dieser Formel, daß es sich um einen Wert einer Zeitmessung handelt, der ursprünglich aus der ständig wiederkehrenden Rotation der Erde sich ergeben hat. Eine Änderung dieses Zyklus würde eine Änderung der Zeitmessung nach sich ziehen. Die Zeitangaben, als Zeitmessung durch eine Uhr, setzt somit die Zeit als solche, die sie ist, voraus und ist im Ergebnis nicht die Zeit als solche, die sie vorgibt, sondern die Zeitangabe definiert sich als Zeitmaß einer Zeiteinheit zur Messung der Zeit.

So ist es auch möglich, Uhren mit beliebig anderen Zahlensystemen und anderen Taktfrequenzen (Zyklen) zu konstruieren. Uhren sind daher als Zeitmesser, zur Messung der Zeit eines Objektes (in seinem speziellen Koordinatensystem), in jedem Fall ein Abstraktum, das sich zumindest auf ständige und gleichmäßig wiederkehrende Terme beziehen muß. Hierbei ist es nicht von Bedeutung, ob der Takt einer Uhr von der Mechanik einer Zwiebeluhr gegeben wird oder von Frequenzen einer atomaren Uhr. Der Term **t** (Zeit) bezieht sich also allein immer nur auf den Körper und nicht auf deren Meßmittel. Genauso bezieht sich der Term der Einheit **km** auf eine Strecke, die gemessen wird zwischen zwei

Punkten auf einem starren Körper und bezieht sich nicht auf das Meßmaß, mit welchem die Strecke gemessen werden soll.

Nur, wer kann hier mit absoluter Gewißheit sagen, daß ein Objekt einen wirklich starren Körper hat und dieser Körper wirklich in allen Lagen des Universums die gleiche Größe beibehält?

Das Längenmaß für eine (von uns abgesteckte Strecke), in der die Geschwindigkeit eines Objekts gemessen werden soll, ist ein frei gesetztes Maß, da das wirkliche Ausmaß einer Strecke, aufgrund der dynamischen Ausdehnung des Raumes, nicht ermittelt werden kann. Genauso sind alle Maße, die sich von der Kraft herleiten lassen, frei gesetzt. Durch eine Inhomogenität des Raumes würde sich die Größe des Körpers ändern, ohne daß wir darauf aufmerksam würden, da wir uns, wären wir in dem gleichen Bezugssystem, proportional mitverändern würden. Auch wenn wir außerhalb dieses Bezugssystems eine Änderung der Größe feststellen könnten, wüßten wir noch lange nicht, ob unser Bezugssystem sich geändert hat oder das betrachtete Bezugssystem.

Wer kann also behaupten, daß das Licht immer ganz konstant ca. 300.000 km in der Sekunde zurücklegt, wo die festgelegte Ausdehnung dieser Strecke doch auf unser herkömmliches Maß unseres Bezugssystems bezogen ist?

Sieht man sich nun die relativen Einheiten von **km** und **s** zusammen an, ergibt sich ein recht unsicheres Gebäude einer Formel, welche wirklich keinen Anspruch auf eine absolute Allgemeingültigkeit besitzen kann. <u>Auch kann die Zeit nicht relativ sein, wenn **c** eine Konstante ist</u>, wie von Einstein gefordert wurde, da die Zeit immer mit der Geschwindigkeit des zu messenden Objektes verbunden ist. Dieser erkenntnistheoretische Fehler ist wahrscheinlich einer der trivialsten Einsteins gewesen. Zudem geht Einsteins Universum von der Theorie des Urknalls, in Form des Zusammenbruchs eines *Super*-Schwarzen Loches, aus (also vom reversiblen kosmischen Prozeß). Folglich mußte er auch feststellen, daß alle Energien (Kräfte) mit zunehmender Geschwindigkeit sich von dieser Quelle entfernten und Objekte bildeten wie die Sterne, Pulsare oder ganze Galaxien. Fälschlich hat er angenommen, daß mit der Zunahme an Geschwindigkeit (und der dabei entstehenden Objekte) Materie an Masse zunimmt. Dies ist eine falsche Interpretation des kosmischen Geschehens. Richtig ist dagegen von Einstein festgestellt worden, daß mit zunehmender Ausbreitung des Universums die mittlere Dichte des Universums abnimmt. Je geringer aber die Dichte ist, umso geringer sind die Wechselwirkungen der Kräfte und umso höher wird ihre Geschwindigkeit. Dann wird aber auch einmal die Lichtgeschwindigkeit höher als 300.000 km/s werden, falls dieser Prozeß der Expansion des Universums vorher nicht durch besondere Wechselwirkungen (intergalaktische Katastrophen) gestoppt wird. Folglich werden sich auch mit zunehmender Geschwindigkeit die letzten Galaxien auflösen und die einzelnen in ihnen gebundenen Kräfte werden wieder frei, damit sie sich zu neuen Objekten formieren können, sich also der ganze kosmische Prozeß wiederholen kann. Und können die Kräfte sich neu formieren, so finden sie sich auch zu neuen Galaxien, Pulsaren und *Schwarzen Löchern* wieder zusammen.

Bei einem "*Vakuum*" läßt es sich nicht (wegen des innersten Grundsatzes der Natur: "*das etwas, was ist, Kraft haben muß, um zu sein*") von einem <u>Ort der absoluten Leere</u> sprechen, da die Kraft (als Grundsubstanz alles Seienden) auch die Grundsubstanz des Vakuums ist, so ist das Vakuum auch kein statisch definierbarer Bestandteil der Natur, sondern eine dynamische Erscheinung in Raum und Zeit.

<u>So ist das Vakuum physikalisch nur als ein Raum mit geringer Gravitation im thermodynamischen Gleichgewichtszustand eines bestimmten Bezugssystems, mit einer Temperatur, die in diesem bestimmten Bezugssystem gleich Null ist, zu definieren.</u>

Dieses Bezugssystem ist also von einem Zustand höchster Ordnung bestimmt, wobei Ordnung hier primär als homogener und isotroper Zustand eines Systems zu bezeichnen ist, also als ein Zustand, der der vorgegebenen Ordnung des Systems nicht widerstrebt. **Die Temperatur bezeichnet somit allgemein den inneren Ordnungszustand eines Systems.** Das heißt, <u>je höher der Wert der Temperatur ist, desto geringer ist die dort vorherrschende Ordnung. Das heißt aber auch, befinden sich alle Teile in einem System in einem Zustand der Ordnung, ist die Temperatur gleich</u> **Null**.

Damit ist die Temperatur aber auch als weitgehend unabhängig von einer Beschleunigung zu konstatieren, insofern die Beschleunigung den inneren Ordnungszustand eines bewegten Systems nicht verändert. Gleiches gilt für Wechselwirkungen mit anderen Systemen, welche die Ordnung und damit die Temperatur beeinflussen können. Das heißt, wird einem inneren System von außen Energie zugeführt, verliert es proportional zur eingeführten

Energie an Ordnung und nimmt damit an Temperatur zu. Wird dagegen einem inneren System Energie abgezogen, so kann es sich wieder in einen Zustand der Ordnung degenerieren und die Temperatur wird wieder abnehmen. Auf die Natur (als Gesamtsystem) bezogen bedeutet das, daß jedes einzelne System den Gesamtzustand des Gesamtsystems verändert und die Temperatur damit zu einem Faktor der Entropie wird.

Die Temperatur ist also eine skalare Größe und läßt sich auch als die Störung einer Ordnung definieren, ist die Temperatur nicht gleich *Null*.

Die Störung einer Ordnung führt also zur Temperatur. Damit ist sie von der Bewegung und deren Richtung abhängig. Denn <u>eine Störung ist eine in Zeit und Raum gerichtete Veränderung wider die Gesetze eines bestimmten Bezugssystems.</u> Und jede Veränderung ist die Folge einer Bewegung.

Dies ist wie folgt zu verstehen:

Bewegungsrichtung: ! = geordnet
/ = ungeordnet

! ! ! ! ! !   Geordneter Zustand eines in sich
! ! ! ! ! !   geschlossenen Systems.
! ! ! ! ! !
! ! ! ! ! !   Temperatur = Null

/ / / / / /   Gleichmäßig ungeordneter Zustand eines in sich
/ / / / / /   geschlossenen Systems.
/ / / / / /
/ / / / / /   = wenig Temperatur

/ ! / ! / !   Ungleichmäßig ungeordneter Zustand eines in
! / ! / ! /   sich geschlossenen Systems.
/ ! / ! / !
! / ! / ! /   = hohe Temperatur

Eine unendlich hohe Temperatur, wie sie noch heute in der Wissenschaft bei bestimmten Bezugssystemen beschrieben wird, widerspricht sich in diesen Theorien von selbst, da in diesen Theorien die Temperatur direkt von der Geschwindigkeit abhängig ist. Da aber in diesen Theorien nichts schneller als **c** (Lichtgeschwindigkeit) sein kann, kann auch die Temperatur nicht unendlich hoch sein. Genauso, wie eine unendlich hohe Energie sich in diesen Theorien widerspricht, da auch hier die Energie (in der Formel: $E = mc^2$) an die Lichtgeschwindigkeit **c** gebunden ist und damit nicht unendlich hoch sein kann. Wenn aber die Temperatur nie unendlich hoch sein kann, sondern nur höchstens proportional zur Lichtgeschwindigkeit **c**, wie war dann der Urknall möglich, der doch eine immense Temperatur beinhaltete? Sind hier nicht die bisherigen kosmologischen Theorien zunichte oder ist gar die ganze bisherige Physik damit am Ende?

Die bisherigen Theorien muß man hier jedenfalls mit schärfster Kritik bedenken, denn selbst schon für den physikalisch interessierten Laien wird erkennbar, daß die Grundlagenphysik nicht nur streitbar ist, sondern sich hier auch teilweise falscher Segmente von Theorien bedient, die in keiner realen Beziehung zueinander stehen, und die Physik, als Wissenschaft für physikalische Maße, mit diesen Grundlagen nicht nur frei im Raum steht, sondern selbst ihre Beweise, die sich wissenschaftlich nennen und damit unantastbar sein sollen, weder bisher letztendlich beweisbar noch der Wahrheit letzter Schluß sind. Zudem bleibt bei all den Fehlern, von den bisher als *wissenschaftlich* überprüft gegoltenen physikalischen Theorien, die Frage offen, ob eine wissenschaftliche Überprüfbarkeit überhaupt Sinn trägt, oder ob sie nur zu einem kritiklosen Obrigkeitsdenken führt?

Diesem Zweifel wird vor allem durch das Postulat Vorschub geleistet, daß Forschungsergebnisse nur "*wissenschaftlich*" genannt werden dürfen, wenn sie mathematisch demonstrierbar und zu jeder Zeit wiederholbar sind. Aber was ist denn Mathematik überhaupt? Und worauf begründet sie sich?

Angewandte Mathematik begründet sich immer auf ständig wiederkehrende Terme, ohne deren Regelmäßigkeit ein Ergebnis nicht voraussagbar und berechenbar ist. Mathematik ist damit eine naturfremde Theorie, denn mechanische Regelmäßigkeit ist nur innerhalb bestimmter Zeitspannen und abgegrenzter Systeme gegeben. Hier wird der Versuch gemacht, nach einer Theorie (die der

Mathematik) die Natur zu erklären, statt nach der Natur eine Theorie zu suchen und diese zu beschreiben. Mathematik läßt sich gut als Hilfsmittel einer Theorie, und allenfalls auf abgeschlossene Systeme innerhalb bestimmter Zeitspannen, anwenden, aber zur Beschreibung großer Naturvorgänge versagt sie vollständig. Die Natur unterliegt nicht mathematisch definierbaren mechanistischen Gesetzen, denn sie ist nicht gleichförmig, sondern in der unendlichen Vielfalt ihrer Möglichkeiten unendlich ungleichförmig. Uniformität dichten wir der Natur allenfalls nur an, denn so fällt es uns nur leichter sie zu verstehen. Und nur in diesem Licht ist die Mathematik zu betrachten, als ein Hilfsmittel zur Betrachtung der Natur, aber nicht als das einzig wahre Mittel zur Naturbetrachtung.

Doch das Fehlen der fundamentalen und gefestigten Grundlagen in der Wissenschaft, bietet uns gleichzeitig die Möglichkeit neue Wege zu beschreiten. Es sind somit alle Wege noch offen (durch Kreativität), die alten Ordnungen zu zerstören und gleichzeitig wieder neue aufzubauen. Zukünftige Generationen werden hierbei über unseren heutigen Wissensstand genauso lächeln, wie wir heute schon über vergangene Zeiten der Wissenschaft zu lächeln imstande sind. Jedoch sollten wir uns hier vor Überheblichkeit schützen. Durch meine in dieser Abhandlung nun abgegebenen Kritik an der Wissenschaft, in Bezug auf ihrer erarbeiteten Ergebnisse, will ich in keiner Weise den Zorn derer heraufbeschwören, die derzeit ihr ganzes Leben aufopferungsvoll der Wissenschaft widmen oder früher einst gewidmet haben, noch will ich die hervorragenden Leistungen der Wissenschaftler schmälern, sondern die Wissenschaftler möchten meine ernstgemeinte Kritik nur als einen Ansporn verstehen, sich für neue Wege und Theorien offen zu halten, egal, wie gut ihnen die bisher erzielten Ergebnisse erscheinen. Die Wissenschaft ist ein Elixier des Menschen, sie darf aber nicht ihrer selbst wegen Zweck sein! Meine Arbeit ist daher auch nicht als ein Angriff auf die Wissenschaft zu sehen oder nur im entferntesten zu verstehen, sondern mehr als ein leichtes Rütteln an ihren Fundamenten, um die schon eingeschlafenen Wissenschaftler wachzurütteln, weil hier noch viel Platz und Freiheit für Bewegung ist.

Um also zu einer genaueren physikalischen Betrachtung der Natur zu kommen, bedarf es nicht nur allein der wissenschaftlichen Überprüfbarkeit von Theorien, sondern auch weitgehend neuer Begriffe und Wertvorstellungen, sowie neuer Definitionen vorhandener Begriffe (mit diesem Werk soll hier ein ganz neuer Anfang gesetzt werden). Hier muß also noch ein neues adäquates Denken entstehen. Selbst wenn dann althergebrachte Grundbegriffe der Physik den neuen Vorstellungen weichen müßten, so wird uns damit später der jetzige *status quo* der Physik nur als ein Meilenstein der Erkenntnis auf dem Weg zu einem tieferen Verständnis über die Natur erscheinen.

So ist zum Beispiel der Begriff *Gramm* ein Wert aus einem physikalischen System, dessen Grundgröße jeweils ein frei gesetzter Wert ist, der sich in Anbetracht der Natur ergeben hat. In der Wissenschaft ist der Begriff *Gramm* auch als die geläufige Einheit der Masse zugrunde gelegt, welche sich ursprünglich aus einer Masse von einem Kubikzentimeter reinen Wassers bei normalen Atmosphärendruck und einer Temperatur von 4 Grad Celsius ergeben hat. Wollen wir aber den Wert auf den Grund gehen, so werden wir feststellen, daß die Wissenschaft kein allgemeines Wahrheitspotential zur Verfügung hat, mit dem sie die Absolutheit eines Wertes rechtfertigen könnte.

So werden vielleicht im Laufe der Zeit noch viele physikalische und philosophische Neuerungen, über die Werte der Natur, unser Verständnis erschüttern. Vielleicht wird der Mensch einmal lernen müssen, immer öfters die Welt mit neuen Augen zu sehen. Doch je schneller dann der Fortschritt läuft, umso weniger Chancen wird er haben, von der Menschheit aufgenommen und verarbeitet zu werden. Spezielles Wissen tritt dann an die Stelle eines allgemeinen Grundwissens. Immer neuere Fachqualifikationen lösen danach die althergebrachten Lern- und Arbeitsstrukturen ab. Wie wir das bewerten wollen, hängt allein von unserem eigenen Standpunkt und Schicksal ab.

Selbst die *Relativitätstheorie* von Albert Einstein, die zu seiner Zeit mit einem Sturm der Begeisterung begrüßt worden ist, ist doch damals von den wenigsten eindeutig verstanden worden. Doch noch in demselben Jahrhundert, indem diese Theorie die Welt verändert hat, werden vielleicht ihre noch vorhandenen Fehler aufgedeckt werden und an ihrer Stelle tritt dann eine neue Theorie, bis auch diese wiederum, bis ins unendliche von ihren Fehlern geplagt, abgelöst wird.

Aber auch die philosophischen Theorien, die vom Aufbau und Ablauf der Naturvorgänge handeln und die es dabei nicht vermögen, die Gedanken in physikalische Gesetze zu kleiden, sind im vorhinein zum Scheitern verurteilt, da sie der niederschmetternden Kritik der Physiker nichts entgegenzusetzen hätten. Aber statt im Kompetenzenstreit der Wissenschaften über den richtigen Weg zur Wahrheit und Selbsterkennung zu verharren, sollten die Philosophen und die Physiker gemeinsam ihre erkenntnistheoretischen Gedanken an die stetig sich ändernden wissenschaftlichen Erkenntnisse anpassen, damit sie schneller und gemeinsam ihre jeweils eigenen (meist sehr hoch gesteckten) Ziele erreichen können. Wobei hier der Wille zur Zusammenarbeit aus der Vorstellungskraft über Notwendigkeit und Machbarkeit sowie durch das jeweilige eigene Persönlichkeitsprofil gebildet wird. Aber genauso stellt die Vorstellungskraft jedes einzelnen Menschen ihm selbst auch eine Barriere auf, wenn es um Unendlichkeiten geht, die ihn an weiteren und tiefgreifenderen Gedanken hindert.

Sowie die Vorstellung eines unendlich ausgedehnten Raumes unsere Vorstellungskraft sprengt, so sprengt erst recht der Gedanke über die Unendlichkeit der Geschwindigkeit unsere Gedankenkraft. Dennoch müssen wir diese Gedanken in unser allgemeines Verständnis über die Natur mit aufnehmen. Tun wir dies jedoch nicht, werden die daraus entstehenden Konsequenzen ein in der erkenntnistheoretischen Betrachtung der Natur verzerrtes Weltbild sein. So wird uns oftmals nur eine allgemeine Logik über die begrenzte Vorstellungskraft des Geistes hinweghelfen. Aber auf diesem Wege werden wir Menschen noch viele Tabus brechen, sei es, bis die Zeit jeweils reif ist, oder sei es auch wegen des Freigeistes eines einzelnen Menschen, der uns neue Dimensionen in unserer erkenntnistheoretischen Betrachtung der Welt eröffnete (so wie es einst Albert Einstein tat). Jedenfalls wird es neben einer schleichenden Evolution auch immer wieder revolutionäre Änderungen in der Vorstellungskraft der Menschen geben. Und es werden damit immer wieder neue Fragen aufgeworfen.

So gibt es außer den großen Dimensionen der Kraft, welche mit ihren gewaltigen Verknüpfungen und Ereignissen (und mit den daraus entstehenden Materiefeldern) das Weltall durchziehen, noch andere Dimensionen, die im Kleinen liegen und mitunter für uns noch verborgen sind. Woher sollten wir auch annehmen, daß außer den Dimensionen, die aus unserer üblichen Erfahrung ermittelt sind, noch andere Dimensionen möglich sind? Und wenn es sie gäbe, wie könnten sie aussehen?

Hätten wir zum Beispiel nicht unseren Geruchssinn, wüßten wir wahrscheinlich nicht, daß die Materie für den Menschen riechbar ist. Der Geruchssinn läßt uns sozusagen die Dimensionen der Kraft durch die Nase messen. Gleiches geschieht mit dem Geschmackssinn. Hätten wir ihn nicht, wäre unsere Welt der Speisen (welche der Energieaufnahme dient) um ein vielfaches ärmer. Doch wie sähe die Welt für uns aus, wenn wir Menschen den angeborenen Geschmackssinn nicht hätten? Würden wir ihn vermissen?

Unsere angeborenen Sinne lassen uns die Dimensionen (wie viele sind es nun wirklich?) der Kraft messen und unser allgemeines Weltbild errichten, welches sich aus unserer Erfahrung (und wohl auch aus unserer Phantasie) gebildet hat. Hätte die Natur uns noch andere Sinne zukommen lassen (welche es auch immer sein könnten), würden wie die Welt aus einem ganz anderen Blickwinkel betrachten, genauso wie unser Weltbild ein anderes wäre, hätten uns die Sinne gefehlt, die wir Menschen bisher besessen haben (wie zum Beispiel die Fähigkeit, durch unsere Augen die Lage von Körpern zu koordinieren, um so eine räumliche Anschauung des Gesehenen uns zu verschaffen). Hier bleiben uns Menschen und besonders für die wissenschaftliche Forschung, die scheinbar nur durch die Phantasie des Geistes eine Grenze hat, womöglich noch manche Überraschungen offen.

Abschließend bleibt hier in diesem Kapitel die Frage zu beantworten, ob die Natur zufällig ist oder ob sie gewollt geworden ist, das heißt, ob sie eines Schöpfers (Gott) bedurfte? Also kann die Natur denn Zufall sein?
Sie kann es nicht!

Denn wäre die Existenz der Natur ein reiner Zufall, wäre sie erst (zufällig) seiend geworden. Die Natur aber existiert ewig. Sie ist somit nie geworden. Sie kann also nicht zufällig geworden sein.
Aber die Existenz der Natur ist auch nicht "*Nichtzufall*"!

Denn wäre die Natur nicht zufällig, sondern gewollt geworden, wäre die Natur aber auch erst (gewollt) Seiend geworden. Sie ist aber nie geworden, da die Natur ewig existiert. Somit kann sie auch nicht gewollt geworden sein. Wir erkennen also, die Natur ist weder zufällig noch nichtzufällig (gewollt) geworden. So bedurfte sie zu ihrer Existenz keines Schöpfers.

Kein **Gott** brauchte die Natur zu erschaffen!

"Diese Welt, dieselbige von allen Dingen, hat weder der Götter noch der Menschen einer gemacht, sondern sie war immer und ist und wird immer sein, ein ewig lebendiges Feuer, nach Maßen sich entzündend und nach Maßen erlöschend."

(Heraklit)

Verbindung vom

Mikrokosmos zum Makrokosmos

Folgendes Schema, indem die Natur (als eine physikalische Einheit) in einzelne Ebenen eingeteilt ist, zeigt uns durch die symmetrische Verknüpfung ihrer aufbauenden Formeln die Verbindung vom Mikrokosmos zum Makrokosmos:

$$\textbf{Kraft} = \text{Raum} \times \frac{\text{Zeit}}{\text{Geschwindigkeit}}$$

$$\textbf{Gravitationskraft} = \text{Kraft} \times \frac{\text{Zeit}}{\text{Geschwindigkeit}}$$

$$\textbf{Ladungsfeld} = \text{Gravitationskraft} \times \frac{\text{Zeit}}{\text{Geschwindigkeit}}$$

$$\textbf{Ladungsimpuls} = \text{Ladungsfeld} \times \frac{\text{Zeit}}{\text{Geschwindigkeit}}$$

$$\textbf{Masse} = \text{Ladungsimpuls} \times \frac{\text{Zeit}}{\text{Geschwindigkeit}}$$

$$\textbf{Materie} = \text{Masse} \times \frac{\text{Zeit}}{\text{Geschwindigkeit}}$$

$$\textbf{interstellare-Materiefelder} = \text{Materie} \times \frac{\text{Zeit}}{\text{Geschwindigkeit}}$$

$$\textbf{Schwarzes Loch} = \text{interstellare-Materiefelder} \times \frac{\text{Zeit}}{\text{Geschwindigkeit}}$$

Schematische Darstellung des kosmischen Zyklus:

Urkraft - besitzt (theoretisch) eine unendlich hohe Geschwindigkeit

Gravitation - besitzt durch Wechselwirkung der Kräfte eine verringerte Geschwindigkeit und zeichnet sich in höheren Ebenen durch Anziehungskräfte bzw. Schwere aus

Ladungsfelder - sind die durch Gravitationswechselwirkungen hervorgerufenen Felder, die z. B. zu Elektrizität und Magnetismus führen

Ladungsimpuls - entsteht durch wechselwirkende Ladungsfelder und führt in höherer Ebene zur Masse

Masse - Produkt aus den durch Wechselwirkungen gebundenen Ladungsimpulsen

Materie - durch Wechselwirkungen von Masse Entstehung von Materiefeldern, die uns explizit als feste Materie erscheinen

Kosmische Objekte - Anhäufung von Materiefeldern zu Sternen, Galaxien etc.

Super-Schwarzes Loch - hervorgerufen durch Wechselwirkungen der interstellaren Materiefelder, welches alle intergalaktischen Kräfte anzieht

Urknall - Explosion eines Super-Schwarzen Loches durch energiereiche Wechselwirkungskräfte der interstellaren Materiefelder, zugleich Endpunkt des universellen Geschehens und Wendepunkt des kosmischen Zyklus

reversibler Prozeß - durch die Explosion Zersplitterung des Super-Schwarzen Loches zu kosmischen Objekten mit zunehmend hoher Geschwindigkeit durch die Abnahme von Wechselwirkungen

Zerfall - durch weiterhin zunehmende Geschwindigkeit der interstellaren Kräfte Auflösung jeglicher Objekte und Materiefelder bis hin zur Urkraft (theoretisch)

Die Weltformel:

$$\text{Kraft} = \text{Raum} * \frac{\text{Zeit}}{\text{Geschwindigkeit}}$$

Gott

Der Begriff "*Gott*" ist nur Ad Absurdum zu führen!

Denn ein Gott müßte, um diesem Begriff gerecht werden zu können, absolut sein.

Absolut heißt hier: für alles Seiende zutreffend. Das heißt, daß die Absolutheit nicht nur eine Eigenschaft der Dinge an sich ist, sondern die Dinge, wie die Eigenschaften, sind sich selbst zugleich eins.

Gott müßte also nicht nur alleinherrschend, uneingeschränkt, unabhängig und losgelöst von jedweder anderen Gewalt herrschen, also auch losgelöst von Zeit und Raum, sondern zugleich auch alle Gewalten in sich bergen, das heißt, alles Seiende in sich einschließen, um ein allumfassender und absoluter Gott zu sein. Das heißt aber auch, Gott müßte nicht nur alles Seiende gleichzeitig sein, sondern zugleich auch frei von allem Seienden sein. Ein Paradoxon also, das in sich selbst schon die Absolutheit ausschließt.

Entweder ist Gott das Absolute und damit das einzig und allein Seiende (das heißt, damit wäre Gott nur ein anderer Begriff für Natur), dann sind wir in ihm eingeschlossen, also ein Teil von ihm, da von Gottes Substanz, oder aber, Gott ist etwas für sich eigenständig Seiendes und von unserer Substanz getrennt. Sind wir aber von Gottes Substanz getrennt, dann sind wir wie Gott auch etwas eigenständig Seiendes, mit einer eigenen inneren Kraft, die unsere Existenz aufrecht erhält. Also sind wir dann frei und gottlos von diesem Gotte, aber in uns selber göttlich.

Doch genauso wie meine inneren Organe, mein Fleisch und mein Blut, mir als Mensch allzu menschlich sind, weil sie ein Teil von mir sind, genaugenommen meines Lebens innerste Substanz, so existiere ich als Mensch doch erst durch sie.

Ein Gott, der absolut ist, das heißt, der alle Existenz in sich einschließt, würde aber genauso erst durch uns existieren, weil wir, als seine innerste Substanz, ein Teil von ihm sind.

Also wäre Gott dann von unserer Existenz abhängig (und somit wäre er auch nicht absolut, weil er nicht absolut mächtig wäre); das heißt, **sterben wir, so stirbt auch Gott.**

In Wahrheit aber sind wir von Natur aus nicht göttlich, denn die Natur ist gottlos und unabhängig von jeder Gestalt.

Denn jede Gestalt ist, wie wir, letzten Endes nur ein Produkt, eben eine Erscheinung, dieser Natur. Wäre aber Gott trotzdem existent, so müßte er auch den Grundsatz der Natur (der *Kraft zur Existenz*) in sich tragen, da nichts Seiendes ohne die ihr innewohnende Kraft existieren kann.

Das heißt, wir können für einen Gott die gleichen physikalischen Formeln anwenden, wie wir sie auch für uns anwenden, da er dem gleichen Naturgesetz unterliegt.

Das grundsätzlichste Naturgesetz ist das *Gesetz der Kraft*, das alles Seiende in sich einschließt und daher Seiendes sich nicht von diesem Grundsatz ausschließen kann.

Wäre Gott also seiend, unterläge er auch diesem allgemeinen und für alles Seiende zutreffende Naturgesetz. Die Natur wäre also der zwingende Grund, die aus sich heraus **Gott** geschaffen hätte - würde **Er** existieren!

Gott wäre damit also auch nur eine reine *Form*, so wie die Materie auch nur eine *Form* ist, die, aufgrund verschiedener Reaktionen, sich bildet, sich verändert und auch befähigt ist, sich wieder in den Urzustand zurückzubilden.

Damit wäre die Natur göttlicher als Gott und mächtiger als das "*absolute Wesen*", da die Natur "*Gott*" in sich einschließen würde. Das heißt, Gott ist in Wahrheit nicht allmächtig, weder absolut noch göttlich!

Weiterhin gilt vorauszusetzen, daß nur ein denkender Gott ein *wahrer* Gott ist. Denn nur ein denkender Gott ist auch ein wollender Gott, denn der Wille setzt den Gedanken voraus. Sowie auch erst der erste Gedanke den Denkenden schafft. Gott würde also auch erst dann wahrhaftig göttlich sein, wenn er ein gedankenvoller Gott wäre.

Wäre er aber ein gedankenvoller Gott, so unterläge er seinen eigenen geistigen Prozessen, weil diese geistigen Prozesse, welche ja die Gedanken erst bilden, aus Gott erst einen *richtigen* Gott machen würden.

Denn erst die Gedanken schaffen den Denkenden und nicht der Denkende schafft die Gedanken!

Das heißt, nicht Gott denkt die Gedanken, sondern die Gedanken denken sich zu einem Gott. Also besäße Gott nicht die Gabe, diese oder jene Gedanken, denken zu wollen, sondern allein die Gedanken sind es, die wollen, daß der *Denkende* (*Gott*) will.

Und erst wenn sich in Gott die richtigen Gedanken gebildet hätten, also die absolut guten Gedanken, könnte er erst richtig absolut **gut** und **göttlich** sein.

Ein wahrer Gott müßte aber nicht nur die absolut guten Gedanken in sich haben, um absolut und göttlich zu sein, sondern er muß überhaupt absolut alle Gedanken in sich haben, also damit auch die nicht ganz so guten Gedanken. Doch hat er die nicht ganz so guten Gedanken in sich, so ist er auch nicht absolut gut und damit ist er auch kein Gott!

Hat er aber dagegen die nicht ganz so guten Gedanken in sich, so stehen sie außerhalb seiner Macht. Stehen sie aber außerhalb seiner Macht, so ist er auch nicht absolut mächtig, und ist er nicht absolut mächtig, so kann er auch hier nicht als Gott bezeichnet werden.

Doch was ist "*gut*" oder was ist "*nicht gut*" (also böse, schlecht, etc.)?

Ist es das, was Gott sich denkt? Entscheidet also er, was *Gut* oder *Böse* ist? Oder ist das *Gute* und das *Böse* vielmehr das, was der Mensch sich zu diesen Begriffen denkt? Und wenn es der Mensch ist, der entscheidet, was das *Gute* und was das *Böse* ist, ist er dann nicht göttlicher als **Gott**?

Wenn aber Gott es ist, der entscheidet, was das *Gute* oder das *Schlechte* ist (so denkt er sich zumindest nur, was das Gute und das Böse ist), müßte er nicht dann als ein denkender Gott auch eine eigene ihm zugehörige Sprache sprechen? Eine Sprache, in der seine Gedanken in verständliche Worte gefaßt sind? Welche Sprache wäre aber dann die göttliche Sprache? Wäre es **Deutsch**? Oder wäre es **Englisch**? Oder wäre es eine andere uns verständliche Sprache?

Wenn es aber nicht Deutsch oder Englisch (und auch keine andere uns verständliche Sprache) wäre, wäre es dann eine Sprache, die wir Menschen nicht verstehen können? Doch wenn wir Gottes Sprache nicht verstehen können, wie sollte er sich uns dann gegenüber verständlich machen? Durch die Übersetzung seiner Sprache in die unsere? So ergibt sich dann hier zwangsläufig die Frage, was für geistiger Prozesse es überhaupt bedarf, um Sprachen übersetzen zu können? Und ob es bei diesem Prozeß zuerst und allein nur der Gedanken bedarf oder ob einfach die Sprache ausreicht, eine solche Tätigkeit ausführen zu können?

Gedanken, so läßt sich (a posteriori) erkennen, werden vom Medium des Geistes gebildet, welches eine kommunikationsfähige

Sprache formuliert, aber die Sprache selbst übermittelt nur diese formulierten Gedanken, die zwar Sprache, aber als Sprache selbst, niemals Gedanken sind. Das heißt, <u>damit sind die Sprachen niemals die Gedanken selbst!</u>

Wenn ein Gott also eine Sprache hat, dann hat er diese Sprache nicht, weil er selbst eine Sprache haben will, sondern die Gedanken, seine geistigen Prozesse sind es, die denken, sich in dieser Sprache artikulieren zu müssen.

Kommunikationsfähige Sprachen müssen aber erst gelernt werden, bevor sie angewendet werden können, und dies ist ein langwieriger Prozeß, der seine Blüte nur in einem Umfeld des Dialoges, von ebenfalls der gleichen Sprache sich bedienenden Wesen, erhält. Hätte Gott nun eine kommunikationsfähige Sprache, dann nur als **Gott** unter **Göttern**, wie einst *Prometheus* und *Zeus* und alle anderen von unseren Vorfahren erfundenen **Götter** eine kommunikationsfähige Sprache hatten.

Eine kommunikationsfähige Sprache zu haben heißt aber auch, daß Gedanken zwar in *Deutsch, Italienisch, Englisch* oder in einer anderen Sprache formuliert sein können, aber *Deutsch, Italienisch, Englisch* sind nicht die Gedanken selbst; also *Deutsch, Italienisch, Englisch* übermitteln lediglich als Sprache die Gedanken, ohne dabei selbst jemals "*lebendige*" Gedanken zu sein.

Wir Menschen reden zwar immer in einer bestimmten Sprache und glauben auch in dieser Sprache zu denken, denn diese wird uns meist nur bewußt, weil Bewußtsein von Wissen kommt, und Wissen für uns eng mit der Sprache verbunden ist. Aber dieses **Denken** in einer Sprache kommt erst von den Gedanken, die diese Sprache erst bilden; das heißt, <u>Gedanken sind weit grundsätzlicher als die Sprache selbst.</u>

Die Gedanken liegen demnach auf einer anderen Ebene, die wir lediglich, wenn wir sie von unserem Geist nicht in Sprache formuliert bekommen, als ein unbeschreibbares Gefühl wahrnehmen können oder welche wir uns dann einfach als Instinkt erklären. <u>Ist die Liebe denn nicht so ein atemberaubender Instinkt, ein nicht zu formulierendes Hochgefühl?</u>

Und wie oft mehr denken und fühlen wir Menschen etwas, was wir nicht direkt beschreiben können, und versuchen statt dessen, die Gefühle mit Vergleichen zu definieren?

Wenn wir also in Sprachen denken, zum Beispiel in *Deutsch* oder in *Italienisch* oder in *Englisch*, dann denken wir nicht

Deutsch, Italienisch, Englisch, sondern es finden Prozesse statt, seien sie biologisch, chemisch, physikalisch oder sonst welcher Natur, die die Sprache bilden, damit wir mit anderen Lebewesen kommunizieren können.

Denn erst dadurch, daß die geistigen Prozesse die Gedanken in Sprache fassen, ist es überhaupt erst möglich, mehrere Sprachen zu lernen und diese auch als Kommunikationsmittel anzuwenden, da diese Prozesse zwar zur Sprache führen, aber primär nicht der Sprache bedürfen.

Ein Gott müßte also, um absolut zu sein, viele Prozesse in sich ablaufen lassen (Wäre ein Gott überhaupt ein Objekt, in dem es ein **"in sich"** gibt, wo Prozesse ablaufen können?), aber nicht nur um alle Sprachen der Menschen zu verstehen, sondern auch, um eine eigene Sprache formulieren zu können.

Ein Gott muß also immer ein denkendes Wesen sein, auch ohne eine Sprache sprechen zu können!

Aber in seinem Denken muß er auch immer zusammenhängend denken können und dabei frei sein von der Zeit. Ist er aber abhängig von der Zeit und sein Gedanke existiert nur gerade im jeweiligen Augenblick, so existiert nur der eine Gedanke, der gerade im Augenblick (also in der Gegenwart) gedacht wird, der aber damit zeitlich aus seinem Zusammenhang herausgerissen ist.

Und nur wenn die Zeit transformiert wird, also Gegenwart, Vergangenheit und Zukunft miteinander verknüpft sind, erhält der zusammenhangvolle Gedanke erst wirklich Zusammenhang.

Denn, wenn im Augenblick nur das einzelne Wort Gültigkeit hat, weil es existiert, aber die noch kommenden Worte nicht existieren, weil sie noch Zukunft sind, und die schon gedachten Worte nicht mehr existieren, weil sie schon zu Vergangenheit geworden sind, wie sollte denn da ein zusammenhängender und sinnvoller Gedanke zustande kommen, wo sich das Denken doch nur in der Gegenwart vollzieht?

Bei uns Menschen ist es so, daß unser Denken ein Prozeß ist, wo der eine Gedanke sich auf den anderen aufbaut. Das heißt, der gedachte Gedanke setzt die Weichen für die neuen Gedanken. Damit sind wir also direkt abhängig von der Zeit.

Ein Gott allerdings, der absolut ist, dürfte nicht von der Zeit abhängig sein (sonst wäre er zumindest den zeitlichen Veränderungen unterworfen), sondern er müßte ein transzendenter Gott sein und nicht nur in der Gegenwart wirken können, sondern auch in die Vergangenheit (<u>bis in alle Ewigkeit</u>), ebenso wie in die Zukunft (<u>bis in alle Ewigkeit</u>), und das überallhin (<u>bis in die Unendlichkeit des Raumes</u>).

Ist Gott nun ein transzendenter Gott, so wäre er außerhalb der Zeit und frei des Zeitflusses fesselndes "*Geflechts*".

Steht Gott aber außerhalb der Zeit, so ist er nicht absolut und damit ist er auch kein Gott, <u>denn die Absolutheit der Zeit bedingt, nicht frei von ihr zu sein, sondern alle Zeit zu haben.</u>

Hat Gott aber alle Zeit, so ist er auch in der Zeit und damit an allen Veränderungen gebunden. Und ist Gott gebunden, so ist er nicht absolut und nicht frei und damit auch kein Gott.

Alles Sein ist an stetige Veränderungen gebunden und kann nur durch Bewegung sein. Ein Gott (dem ein Sein überhaupt zukäme) müßte ein sich bewegender Gott sein.

Und ein Gott, der an den durch die Bewegungen gebundenen Veränderungen gebunden ist, ist nie absolut. <u>Denn jede Bewegung ist zugleich Zustandsveränderung, wie auch Orts- und Zeitveränderungen Zustandsveränderungen sind, die an Bewegungen gebunden sind.</u>

Ein an Bewegung, also an Veränderungen, gebundener Gott, kann nicht absolut (und somit kein Gott) **sein.**

Dagegen ist die Natur im Grunde ihres Wesens, also in ihrem Urzustand, gedankenlos. So ist es aber auch in Wahrheit so, daß die Natur erst aus sich heraus den Gedanken schafft und nicht erst, wie bei einem Gott, die Gedanken ihren vermeintlichen *Schöpfer* schaffen. Denn mit den Formen ihres Geschehens, Kraft ihres inneren **Logos**, <u>dem Naturgesetz</u>, wird erst das geschaffen, was wir Gedanken nennen, die sich genauso wieder in den Urzustand rückverwandeln, wie alle anderen Formen (z. B. die des Lichts) auch.

Der Erzeugung der Gedanken, durch die Natur, bedarf es aber keines besonderen Willens und keiner Gedanken, es ist durch das eigene innere System (*Gesetz*) in sich veranlagt.

So erzeugt nun die Natur, aufgrund ihrer eigenen Gesetzesmäßigkeit, den Gedanken, ohne Gedanken darüber zu haben, wie sie ihn erzeugt. Und selbst erst durch diese Gesetzesmäßigkeit schafft sie sich den Gedanken, der sich seiner selbst und seiner Gesetzesmäßigkeit bewußt wird.

Wir Menschen sind dabei als das Medium der Gedanken zu betrachten, wobei sich unser lebender Organismus gegenüber einer wahrscheinlichen Wellenbewegung des Gedankenimpulses im wesentlichen durch den biochemischen Prozeß des Stoffwechsels unterscheidet und charakterisiert.

Das heißt aber nicht, daß die Gedanken unseres Mediums bedürfen. Es heißt aber, daß wir den Gedanken nicht erst schaffen, sondern daß erst der Gedanke uns den Denkenden schafft (genauso wie der Sänger erst durch seinen Gesang zum Sänger wird).

Der Gedanke benutzt zwar als Hilfsmittel das Wort, das systematisch in einer Sprache gebunden ist, braucht es aber nicht, um sich mitteilen zu können, da der Gedanke sich auch einfach in wortlosen Impulsen mitteilen kann.

Denn die Worte selber sind nichts weiter als systematisch gebundene Impulse der geistigen Substanz (woraus sich die Gedanken bilden), die das menschliche *"Betriebssystem"* dazu benutzt, um sich auf einer höheren Ebene artikulieren zu können (und allein hier, in der Kommunikationsfähigkeit, deutet sich schon der Mensch als soziales Wesen an). Erst auf dieser Ebene ist unsere derzeitige zwischenmenschliche Verständigung möglich, die uns von den Tieren so eindeutig abhebt.

Dies heißt jedoch nicht, daß eine noch bessere Verständigung, also eine außerhalb der Sprache liegende Verständigung, zwischen den Menschen unmöglich wäre. Dies könnte dann zum Beispiel durch reine Impulsübertragung geschehen, also ohne das Vorhandensein von bewußter Sprache, wie wir es zum Beispiel als Gefühlsmäßigkeit bei sich Liebenden oder bei Menschen die in Gefahr geraten (sozusagen als 7er Sinn), erfahren. Allein auf dieser Ebene wird **PSI**, die reine Gedankenübertragung, wieder aktuell.

Und vielleicht ist auch einmal eine Verständigung zwischen Mensch und Tier möglich, die dann auf der Ebene gegenseitiger Kommunikation liegen könnte. Doch bisher, so behaupten es viele, sei Gedankenübertragung überhaupt nicht möglich. Dies bliebe alleine **Gott** vorbehalten.

Aber mit welchem Grund könnten sie behaupten, daß ein Gedanke, als ein *neuronaler Impuls* einer bestimmten Frequenzdichte, in dem Moment in dem er gedacht wird, auch sofort wieder verschwindet, bzw. sofort wieder in Auflösung begriffen ist und auch nur auf das Medium des Denkenden beschränkt bleibt?

Von Frequenzen wissen wir, daß sie sich wellenförmig ausbreiten. Also wird es auch so sein, daß der Gedanke (eines Menschen) das Gehirn des Denkenden nach außen hin verläßt und diese Frequenz, das heißt, dieser Gedanke wiederum von einem anderen Denkenden (Menschen), der die nötige Sensibilität dazu besitzt, aufgenommen und verarbeitet werden kann und der auch befähigt ist, diesen Gedanken ganz in seinem Sinn zu verstehen.

Also ist die Gedankenübertragung kein auf parapsychologische Art zu enträtselndes Problem, sondern ein natürliches Phänomen.

Mit den entsprechenden Detektoren ließen sich also die Gedanken (selbst diejenigen, die im Unterbewußtsein agieren) wahrnehmen und analysieren, ohne daß der Denkende sich in Wort, Schrift oder Bild dazu geäußert hätte.

Hierin liegt aber die Gefahr, die geistige Freiheit zu verlieren!

Zudem bleibt uns die Sprache nur so lange erhalten, wie uns das Medium des Schalls in gleichem Umfang erhalten bleibt. Eine Änderung dieses physikalischen Umfeldes würde eine Änderung unseres Verständigungssystems nach sich ziehen. Gesprochene Worte sind also wie die ihr zugrundeliegenden Gedanken etwas physikalisch Reales.

Genauso wie ein Gott, als etwas physikalisch Reales, ein Objekt wäre, das berechenbar und physikalisch erklärbar sein müßte.

Das heißt, hätten wir die Formel für einen Gott, könnten wir ihn rein hypothetisch berechnen. Könnten wir aber nun diesen Gott berechnen, so wäre er auch für uns berechenbar. Und wäre er für uns berechenbar, so wäre er für uns auch eventuell beherrschbar.

Die wahren Götter wären dann wir!

Und wären wir dann die wahren Götter, so hätten wir der Personifizierung Gottes absolut und endgültig Rechnung getragen. So wie die verschiedensten Religionen immer schon Gott als eine Person proklamierten, da wir in uns alles das schon in Veranlagung haben, was von einem Gott, in unserer Vorstellung, veranlagt sein müßte. Deshalb sind wir nicht die Ebenbilder Gottes, sondern Gott ist unser Ebenbild.

Der Mensch ist hier das Maß aller Dinge!

So läßt sich die Aussage, "*daß es keinen größeren Geist als den Geist Gottes geben kann, denn Gott ist das höchste Wesen*", als theologischer Unsinn entlarven.

Denn entweder ist Gott absolut, dann ist es bedingt, daß er allen Geist in sich birgt, oder aber er ist nicht absolut und steht in

94

Konkurrenz mit unserem Geist. Und steht er in Konkurrenz mit unserem Geist, so ist er ein Wesen wie wir.

Und ist er ein Wesen, also selbst nur ein Teil der Natur, und nicht von der Erde, so ist er vielmehr nur für uns ein außerirdisches Wesen und wie alle anderen Wesen - wie auch wir - von Vergänglichkeit nur. Aber ein von Vergänglichkeit geprägtes Wesen ist niemals ein absolutes Wesen, also auch kein Gott. Denn die Vergänglichkeit wird bedingt durch den Grunderhaltungssatz der Dynamik, dem obersten Gesetz der Natur, dem <u>Gesetz der Kraft</u>.

So stellt sich hier zwangsläufig die Frage, wie lange lebt eigentlich so ein Gott? Unendlich lange? Lebt er überhaupt im Sinne organischen Lebens, oder existiert er nur als anorganische Substanz? Hört man die Predigten der Pfaffen, so finden wir die Antwort: *"Sowohl als auch!"*, *"Ja und Nein!"*, *"Das eine schon, das andere nicht!"*.?!

Für den modernen Menschen von morgen werden die Predigten der Pfaffen die *Sprache der Dummheit* sein und die Religionen nur noch *Relikte aus alten Zeiten*, dafür tritt wieder stellvertretend die Natur an Gottes Stelle - und in ihr der **Mensch**.

Wie auch ein Gott erst durch *Gedanken* Gott sein kann, so wird auch erst die Frage nach dem *Sinn des Lebens* durch die Gedanken sinnvoll.

Ein *Sinn des Lebens* erscheint also ohne die ihn beschreibenden Gedanken *ohne Sinn*.

Die Natur schafft sich also erst, indem sie sich den Gedanken schafft, den Gedanken: <u>nach Sinn zu fragen.</u>

Und erst dann, wenn sie den Gedanken hat, nach Sinn zu fragen, strebt sie danach, ***Sinn*** zu haben.

Ist es daher nicht des Menschen Sinn, das zu tun, wozu die Natur ihn befähigt hat, seine Natürlichkeit zu entfalten?

Erkennen, was man erkennen kann, und sich besinnen, weil man sich besinnen kann.

Ist das nicht seine grundsätzlichste Natürlichkeit?

Und ist es nicht sinnlos nach *Gott* und *Sinn* zu fragen, wo wir beides von Natur aus nicht haben? Wird deshalb das Leben für die Menschen (die ohne die Existenz eines Gottes auskommen müssen und damit ohne einen von Gott gegebenen Sinn) sinnlos?

Ja! Sinnlos ist das Leben aus diesem Aspekt gesehen dann auch. <u>Denn die Freiheit des Lebens bedingt, keinen vorgegebenen</u>

Sinn zu haben, sondern unserem Leben, in unserer ganzen möglichen Freiheit, selbst einen Sinn zu geben!

Das heißt aber auch, daß derjenige, der seinem Leben - *in seiner eigenen ganzen Verantwortung und Mündigkeit, mit seinem eigenen Selbstbewußtsein und unter seiner ganzen eigenen geistigen Freiheit* - selbst keinen Sinn abgewinnen kann, selbst niemals einen Sinn des Lebens erhalten wird. Diesen Menschen bleibt wahrscheinlich der freie Weg zur Selbsterfüllung für immer verschlossen. Und sind diese Menschen religiös veranlagt, dann müssen sie meist weiterhin unter dem Zwang eines religiösen Dogmas leben.

Wären die Menschen aber innerlich so stark, an sich selbst - im Verbund mit der Natur - zu glauben (also für sich eine Art *Mensch-Natur-Religion* hervorbringen), so würde bald jeder Gottesglaube sein natürliches Ende finden. Genauso wie mit dem Ende des Glaubens an Gott, ein Ende der Glaubenskriege folgen würde. Gerade diese Kriege toben in unserer heutigen (modern genannten) Zeit derart heftig, daß sie alle Menschen an den Rand eines Holocaust bringen können.

In der Tat wäre das Ende jeglicher **Glaubenskriege** für die Menschheit wünschenswert. Aber gerade diese Glaubenskriege, die selbst heute noch auf allen Teilen der Erde grausam geführt werden, sind als ein weiteres Argument gegen Gott zu konstatieren. So muß man hier fragen, ob Gott, der ja laut den Theisten die Welt erschaffen haben soll, einen Krieg in seinem Namen zulassen würde und wenn ja, ob er damit wohl die für ihn bestmöglichste Welt erschaffen hat?

Ist aber diese Welt, in der wir leben, nun die bestmöglichste Welt, so wäre ihm zu unterstellen, daß er nicht mächtig genug ist, eine noch bessere Welt, die von **Krieg**, **Haß** und **Leid** befreit ist, zu erschaffen.

Ist es aber so, daß er nicht die bestmöglichste Welt erschaffen hat, so kann er kein guter Gott sein, da er **Krieg**, **Haß** und **Leid** mit erschaffen hat.

So bleiben nämlich nur noch zwei Möglichkeiten, die einander bedingen. Denn entweder ist Gott **das Absolute** und personifiziert nicht **das *Gute***, oder aber Gott ist **das Gute**, aber dafür nicht **absolut**.

Ist er aber weder absolut noch gut, so ist er auch kein Gott!

Lag es aber nun in Gottes Willen, so viel Elend, wie auf der Erde existiert, mit zu erschaffen, so steht hier die Frage nach Gottes Plan noch offen.

Auch wenn wir diese oder jene Fragen nach Gottes Plan nicht beantworten können (weil es ja in Wirklichkeit keinen Gott gibt), so bleibt die besondere Frage nach der Rolle Gottes selbst, in einem solchen hypothetischen (göttlichen) Plan, natürlich ebenso offen. Diese Frage (mit Blick auf alles Elend in dieser Welt) sollten uns die Theisten doch einmal beantworten.

Ist es aber nicht seine Rolle, sondern eine ihm aufgetragene, weil sein Gegenspieler viel mächtiger ist als er, Gott also nur einen Platz einnimmt in **Satans Werk**, so ist Gott selbst vielleicht nichts weiter als ein satanisches Werkzeug, also damit selbst nur des **Teufels General!**

Wer aber existierte nun zuerst? - *War es Gott?*

Oder war es der **Teufel**, der zuerst existierte?

War es aber der Teufel der Gott erschuf, als eine *Insel des Guten* in dieser mörderischen Welt, dann beweist er zumindest hier gute (göttliche) Züge.

Wenn aber Gott nun die Welt erschaffen hat, so muß er zwangsläufig den Teufel miterschaffen haben, als einen Hort des Grauens, welches die Welt überschatten soll. Aber warum sollte er dieses tun, wenn er nicht gerade selbst **mit dem Satan im Bunde** steht?

Oder kann man, außer der Existenz Gottes, die Existenz eines Teufels nur als eine einfache theoretische Problematik ansehen, weil der Teufel für die gläubigen Theisten nur als Sinnbild für **das Schlechte** im Menschen stehen soll?

Dann müßte aber Gott selbst teuflisch genug sein, das Schlechte unter die Menschen zu verbreiten, da, ohne die Existenz eines Teufels, von ihm selbst alles Schlechte ausgehen würde. Spätestens hier erkennt man das Widersinnige in den Religionen der Theisten und in ihren absurden Theologien.

Es ist alles ein großes **Ad Absurdum**, ein wüstes Fabulieren und Mystizieren, das lediglich dem einen Zweck dient, die Gedanken der Menschen zu vernebeln und richtungsweisend zu beeinflussen, um sie unter ihren religiösen Dogmen zu knechten!

Und diese Knechtschaft ist meist viel ärger und mörderischer als jede heroischste politische Überzeugung, da sie tief im Ungewissen rumort. Denn was wissen wir schon davon, was sich unsere Gedanken im Verborgenen alles so denken?

Das, was wir wissen, also das, was wir von unseren Gedanken her zu wissen glauben und glauben dies allein nur von diesen uns bewußten Gedanken her zu wissen, kann nur die Spitze eines "*Eisberges*" sein, dessen größte Größe in der Tiefe des Ungewissen liegt.

Und unsere Persönlichkeit ist in dieser *Spitze des Eisberges* begründet, denn Persönlichkeit und Bewußtsein sind eng miteinander verknüpft.

Wenn zudem die Persönlichkeit allein vom Geistigen abhängt, dann hat jeder Mensch in jedem Augenblick, also von Moment zu Moment, eine neue Persönlichkeit, denn im einzelnen ändert sich der Gesamtzustand des neuronalen Netzwerkes des Geistes ständig.

Aber nicht nur der geistige Zustand des Menschen ist in jedem Augenblick ein neuer Zustand, sondern der ganze Körper ändert sich im einzelnen ebenso von Moment zu Moment, wie der Geisteszustand sich stetig ändert.

Es kann daher niemand sagen, ich bin **Ich** vor zwanzig Jahren gewesen, sondern jeder kann nur die Feststellung machen, daß aus dieser Person, die einst vor zwanzig Jahren gelebt hatte, **Ich**, über Generationen von Momenten **ein neues Ich** geworden bin.

Wir haben meist nie daran gezweifelt, daß wir immer dieselben bleiben, doch dieselben bleiben wir in Wirklichkeit stets nie. In jedem Augenblick lebt ein neues **Ich** auf und das **Ich**, das vor einem Moment noch existierte, ist in die Vergangenheit geflossen und somit gestorben.

In jedem Augenblick stirbt der Mensch! In jedem Augenblick, in dem der Mensch sich an die Vergangenheit abgibt. Und in jedem Augenblick lebt der Mensch! In jedem Augenblick, weil "*Leben*" sich allein auf die Gegenwart bezieht.

Und in jedem Augenblick existiert ein Teil eines rationalen Gedankens, der jedoch scheinbar seine Rationalität nur durch den Zusammenschluß von Vergangenheit, Gegenwart und Zukunft zu einer einzigen gegenwärtigen Gleichzeitigkeit erhält. Das heißt also scheinbar, rationaler Gedanke ist nur durch das kompakte Zusammenwirken von Vergangenheit, Gegenwart und Zukunft möglich.

Doch es kann auch anders kommen. Denn nicht nur Rationalität, sondern auch Irrationalität, entspringt aus dieser Quelle der kompakten Gleichzeitigkeit. Welcher Gedanke, der aus der Tiefe des Unbewußten kommt, läßt uns denn nicht schon hin und wieder scheinbar irrational, und entgegen dem von uns üblichen und uns bekannten eigenen Willen, handeln? Sind wir denn nicht ab und zu schon einmal von uns selbst überrascht?

Selbst der Glaube an Gott, und der Glaube an dessen Kehrseite, in Gestalt eines Teufels, kommt nicht nur aus der Tiefe der **unbewußt gedachten Gedanken**, sondern auch aus der Tiefe der **bewußt ungedachten Gedanken**, welche beide so grundlegend unsere Persönlichkeit formen.

Und auch wenn wir diesem oder jenem Glauben unterliegen, sind wir doch damit ja nur die Opfer unserer eigenen unbewußt gedachten Gedanken oder der Gedanken, die unser Unterbewußtsein bewußt nicht bewußt denken will. Also sind wir in gewissem Maße nicht voll verantwortlich für das, was die unbewußt gedachten Gedanken mit uns tun, bzw. für das, was die bewußt ungedachten Gedanken uns tun lassen; das heißt, wir selbst sind Opfer, wie wir selbst Täter zugleich sind.

So existiert Gott zwar in uns als Gedanke, weil unser Geist ihn sich denken will, doch schließt die Natur, durch ihr Gesetz der Kraft, in sich schon die Existenz eines Gottes und eines Teufels aus. So läuft also alles Geschehen in der Welt ohne einen göttlichen und ohne irgendeinen teuflischen Plan ab!

Währenddessen nun "*totes*" Gestein, welches ja schließlich als leblose Materie scheinbar ohne jedes Bewußtsein ist, auf seinem langen Weg durch die unendliche Weite des Weltraumes, den Kampf um das Dasein mit den Urgewalten der Natur führt, und dabei auf diesem fast ewig andauernden "*Lebensweg*" sich mit einem der interstellaren Objekte verbindet, sich also von der Glut der Gase trennt, schließlich dann abgekühlt von der eisigen Kälte des Weltraumes mit einem der unzähligen Sterne sich vereint, irgendwann dann einmal von diesem Stern geschieden, aber vom Staub der Galaxien nicht gemieden, durch die unbändige Kraft der Gravitation in die Singularität eines *Schwarzen Loches* gezogen wird, um darin, am vorläufigen Ende eines langen "*Lebensweges*", endlich ungesehen und unbemerkt einen einsamen urgewaltigen "Tod" zu "*sterben*", existiert dagegen ganz abseits von diesem unruhigen Geschehen, auf einem kleinen einzigartigen Planeten, der das Blau seiner Meere weit in den Weltraum hinaus strahlt, ein vielleicht ganz einmaliges Phänomen.

Dieses möglicherweise einzigartige Phänomen sind die Geist und Bewußtsein besitzenden Lebewesen; die sich selbst als die "*Menschen*" bezeichnen und die zuweilen ihre Zeit damit verbringen, während dem Flug ihres Planeten durch den Kosmos, zum Beispiel in einem Zirkus zu sitzen, um regelrechte Clownerien über sich ergehen zu lassen.

Und sie spotten damit allem Kampf um das Dasein jeglichen Hohn!

Ja, wird es uns Menschen erst einmal richtig bewußt, daß in der eisigen Kälte der leblosen interstellaren Wüste des Weltraumes, der einem *Friedhof von totem Gestein* gleicht, Menschen auf einem kleinen Planeten unter den Kuppeln eines Zirkuszeltes sitzen und sich an künstlerischen Darbietungen erfreuen, so sollten wir dann zur entsprechenden Zeit in tiefster Demut vor dieser Besonderheit des Lebens verharren.

Andere dagegen schlachten sich wiederum auf den Feldern des Krieges ab, in voller Verachtung jeglichen Lebens und in der Verachtung der Besonderheit der geistigen Substanz, welche besonders bei diesen Menschen einhergeht mit einem Mangel an das rechte (richtige) Bewußtsein.

Zudem gibt es noch die Sorte Lebewesen, die in Habgier und Machtsucht und in voller übertriebener Eitelkeit, wider jede Moral und wider jeder Tugend, allein zu ihrem eigenen Wohlwollen handeln, mit denjenigen Lebewesen im Bunde stehen, die in freiwilliger Verantwortungslosigkeit und Unachtsamkeit die Grundlage jedes Lebens auf diesem wunderschönen Planeten zerstören.

Zuweilen wird man vielleicht noch in der Ferne des Weltalls eine kleine *Melodie* hören können, komponiert von einem Geist wie dem von **Mozart** (1756-1791). Denn auf diesem Planeten gibt es noch unter den lebenden Wesen die Wesen, die als höchste Vollendung der Natur sich der Kunst widmen, um damit dem Leben höchsten Tribut zu zollen.

Doch je weiter sich diese Lebewesen in ihrer Gesamtheit entwickeln und dabei lernen, diesen kleinen blauen Planeten zu beherrschen, den sie fast liebevoll "*Mutter Erde*" nennen, um so mehr wird er zu ihrem Spielball werden, mit der ständigen Möglichkeit, diesen Planeten in einem einzigen Atemzug zu zerstören und ihn dem "*Urfeuer*" des Universums zurückzugeben.

Ist das göttlich?

Und wenn es göttlich wäre, wäre es dann als etwas *Gutes* oder als etwas *Böses* zu bezeichnen? Grundsätzlich stellt sich aber in der Natur nicht die Frage nach **Gut** und **Böse**, denn dies allein sind Prädikate des Menschen (und somit keine göttlichen), über dessen Sinn jeder Mensch (in seiner eigenen ganzen geistigen "*Freiheit*" für sich) selbst entscheiden kann.

So entstehen solche Prädikate zwar aus der Natur heraus, denn die Natur schließt auch diese Prädikate ein, sie beschreiben aber nur eine bestimmte Bezugsebene, die nur einer bestimmten Objektgruppe (hier in dem vorliegenden Fall der Objektgruppe "*Mensch*") zuzuordnen sind. Wie Gott nur eine rein geistige Bezugsebene des Menschen ist, so ist die Natur eine reine übergreifende Bezugsebene der physikalischen Gesetze.

Aber so gesehen ist auch die Materie eine physikalische Bezugsebene, die nur für diejenige Objektgruppe direkt von Bedeutung ist, welche sie explizit in Erfahrung bringt; also nur dann, wenn diese Objektgruppe die dazu passende Bezugsebene beschreibt (obwohl alles miteinander verbunden ist und alle Bezugsebenen einem internen kosmischen Prozeß zugrunde liegen). Und diese Bezugsebenen ändern sich mit ihren physikalischen Prozessen im Ablauf, wenn die einzelnen Teile der Materiefelder sich ändern, da diese sich auch auf die Gesamtheit der Prozesse auswirken. <u>Also, was sich im einzelnen ändert, bewegt mithin das Gesamte!</u>

In der Quantentheorie wird die Erzeugung der Materie zum Beispiel durch ein Ladungsfeld beschrieben und damit beschreibt das Feld von Ladungen eine Bezugsebene, die zur Materie führt. In jedem Fall aber ist die Materie ein Substrat, welches sich als bewegte "*Raum-Zeit*" beschreiben läßt.

Die Materie beschreibt also eine Bezugsebene, die direkt für uns von Bedeutung ist, da wir diese auch unmittelbar erfahren. Von ihr ausgehend bauen sich weitere wahrnehmbare Prozesse auf, die unser Bild von einem (z. B.) kosmischen Zyklus vervollständigen. Aus diesen Prinzipien leiten sich Theorien ab, wie z. B. die BIG-BANG-Theorie, die besagt, daß das gesamte Universum aus einem einzigen Urknall entstanden ist und mit ihr das *Substrat der Materie*. Dieses Substrat besteht aus *Feldern von Ladungen* und läßt sich daher auf der Bezugsebene der Materie als *Materiefeld* beschreiben.

Materie (Masse) ist somit ein ausgedehntes, durch den Raum sich bewegendes Feld. Es kann sich aber zu jedem denkbar möglichen Zeitpunkt und an jedem Ort bilden, sind die Verhältnisse von Raum und Zeit gegeben, so daß einer **Urknall-Theorie** (die besagt, daß alle Materie ursprünglich in einem festen "*Körper*" gebunden war und seit einer gewaltigen Explosion sich gleichmäßig in allen Richtungen des Universums verteilt) nicht bedingungslos zugestimmt werden kann.

Die Materie konnte sich daher auch nur in begrenztem Maße bilden. Denn die Materie kann nicht unendlich viel sein, weder in einem begrenzten noch in einem unbegrenzten Raum.

Denn wenn die Materie (die ja räumliche Weite besitzt) unendlich viel wäre, würde sie genau so weit reichen wie der unendliche Raum. Da der Raum aber größer ist, als die Materie weit reicht (sonst wären keine Zwischenräume von Materie zu Materie möglich), kann die Materie auch nicht unendlich viel sein.

Also ist die Materie begrenzt!

So kann aber auch erst recht nicht unbegrenzt viel Materie in einem angenommenen begrenzten Raum vorhanden sein. Denn die Materie, die ja eine räumliche Dimension besitzt und damit einen Raum einnimmt, würde bei unendlich viel Materie auch unendlich viel Raum einnehmen, also weiter reichen (nämlich unendlich viel weiter) als der begrenzte Raum.

Also kann in einem begrenzten Raum auch nicht unendlich viel Materie vorhanden sein!

Genauso wenig, wie sich nun die Behauptung aufrecht erhalten läßt, daß es unendlich viel Materie gibt, läßt sich auch die Behauptung nicht aufrecht erhalten, daß aus **einem** einzigen besonders großen Ladungsfeld heraus die gesamte Materie dieses Universums entstanden ist.

Aber dafür ist die Wahrscheinlichkeit um so größer, daß unser ganzes Universum aus einer besonders intensiven und großen Krümmung der *Raum-Zeit* erzeugt wurde und daß dieser Prozeß die Materie dabei zu einem großen Teil zugleich miterzeugte.

Der Urknall jedoch darf keinesfalls als absoluter Anfang im Sinne einer Schöpfung aus dem "*Nichts*" verstanden werden, sondern nur als ein Zeitpunkt, in dem ein Prozeß stattfand, der lokal zu einer erhöhten Unordnung führte und mit zunehmender Unordnung die dort vorherrschende Temperatur immer weiter ansteigen ließ und somit einen Raum mit extrem hoher Dichte hervorbrachte, in dem diese Dichte nach einer Phase des Kollabierens explodierte und die daraus entstandenen einzelnen Dichteteilchen, als Felder von Ladungen, sich in den Raum hinein ausbreiteten und als ein kosmisches Gesamtsystem das Universum bildeten. Der Urknall ist also so etwas, wie der Beginn eines reversiblen kosmischen Prozesses.

Das Universum läßt sich demnach primär nur als ein rein theoretisches Modell eines lokal abgrenzbaren Raumes, zur Beschreibung physikalisch-theoretischer Prozesse, definieren.

In anderen Theorien ist dagegen der Urknall der Beginn des welterfüllenden Universums und zugleich die Stunde "*Null*" und damit auch der *Beginn der Zeit*. Die Fragen nach dem Grund des Urknalles (welches die Fragen nach dem "*davor*" mit einschließen) bleiben in diesen Theorien meist unbeantwortet. Oder aber die Antwort ist transzendent-mystisch (**Gott** - als erster Beweger).

Doch auch die Phasen vor dem Urknall müssen sich beschreiben lassen, denn sie fanden in einem Raum (und dieser war lokal) mit geringer Entropie, also größtmöglicher Ordnung (Homogenität), statt, welcher zu Beginn des Urknalles mit einer lokalen Störung, hin zur Unordnung (Inhomogenität), also erhöhter Entropie, und mit einer expandierenden Gravitation begann und im Moment des Gravitationskollapses zur explosionsartigen Ausbreitung führte.

Eine solche durch die lokale Störung entstandene Gravitationsdichte, die sich wie die Wellen eines ins Wasser geworfenen Steines ausbreitet, flacht mit zunehmender Ausbreitung ab und wird ab einem bestimmten Punkt durch interstellare Wechselwirkungen (welche ja im Grunde ursprünglich elementarer Natur sind und sich schließlich auf einzelne Kräfte zurückführen lassen) in einen Zustand der gravitationsbedingten Rotation versetzt. Denn unter dem Einfluß der Gravitation wird der Ausbreitungsprozeß gestoppt und dann umgekehrt (wie ein in die Luft geworfener Stein, der, nachdem er seinen höchsten Punkt erreicht hat, wieder zur Erde zurückkehrt). Dieser Prozeß würde also das gesamte Universum zur Quelle der Gravitation hin anziehen, welches durch den Einfluß von Gravitationswechselwirkungen beginnt zu rotieren und somit das gesamte Universum in eine Rotationsphase versetzte.

Die Quelle einer solchen starken Gravitation müßte sich als ein *Super-Schwarzes Loch* beschreiben lassen, welche alle interstellaren Objekte, wie Planeten, Sterne, Quasare, Galaxien etc. in sich verschwinden ließe. Ein solches *Super-Schwarzes Loch* müsste aber, wenn es "*überfüllt*" ist, unter dem Einfluß der energiereichen gravitativen Wechselwirkungen interstellarer Massen kollabieren und mittels einer gewaltigen Explosion einen reversiblen

Prozeß in Gang setzen, welche die in den Materiefeldern gebundenen Kräfte wieder freigibt.

Wenn die Wissenschaftler nun mittels der Rotverschiebung der Spektrallinien feststellen, daß das Universum zum Rand hin sich von uns fortbewegt, so mag es sein, daß das Universum sich noch in der Ausbreitungsphase befindet, also daß alle physikalischen Prozesse reversible kosmische Prozesse sind.

Dagegen ließe sich aber auch (wenn der Prozeß der Expansion schon abgeschlossen wäre und sich in Kontraktion umgekehrt hätte) diese Rotverschiebung dahin definieren, daß alles unter dem Einfluß der universellen Gravitationsquelle in Richtung des Zentrums sich hinbewegen würde. Und je näher wir an diese Quelle kämen, um so geringer würde dann unsere Geschwindigkeit sein. Die physikalischen Prozesse würden hier also in Richtung Urknall ablaufen, oder anders ausgedrückt, in die Singularität eines *Super-Schwarzen Loches*.

Folglich müßten wir auch dann feststellen, daß die Geschwindigkeit der Galaxien zum Rand des Universums hin zunehmen. Denn *in der Quelle eines Schwarzen Loches laufen die Geschwindigkeiten langsamer ab als außerhalb dieser Felder; denn von der Quelle des Schwarzen Loches aus nimmt die Geschwindigkeit proportional zum Produkt der Massen und umgekehrt proportional zum Quadrat des Abstandes hin zu.*

Demnach müßte man die Hubble-Konstante "H" (die ja eigentlich vielmehr ein Parameter ist) auch umkehren können und als einen Parameter beschreiben, welcher uns die Geschwindigkeit anzeigt, mit der wir uns auf das Zentrum des Universums hinbewegen. Und das, obwohl das Hubblesche Gesetz, welches von **Edwin P. Hubble** (1889-1953) aufgestellt wurde, besagt, *daß die Geschwindigkeit, mit der sich die Galaxien von uns wegbewegen, der Entfernung proportional ist.*

Die Proportionalitätskonstante "H" ist also ein Parameter, der das Verhältnis zwischen der Fluchtgeschwindigkeit und der Entfernung der Galaxien im Universum beschreibt.

Wenn man nun davon ausgeht, daß *die Quelle des Schwarzen Loches eine besondere Quelle der Gravitation ist und zugleich eine Quelle von Gravitationswellen und der Wellenursprung wie auch ein Beobachter in relativer Bewegung in Bezug auf ein Kraftfeld sich befinden, durch welches sich die Gravitations-*

wellen ausbreiten, so müßte die Frequenz der beobachteten Gravi-tationswellen verschieden von der Frequenz der Quelle sein.

Das heißt, daß das Phänomen des Dopplereffektes (dieser Effekt wurde nach seinem Begründer **C. J. Doppler** >1803-1853< benannt) *die Veränderung der Wellenlänge bzw. die Frequenz eines Signals (wenn Quelle und Empfänger sich relativ zueinander bewegen) definiert.*

Über diese Definition hinaus *(indem Lichtquelle und Beobachter voneinander sich entfernen und dabei das Spektrum des Lichts, welches für den Beobachter lange Wellen hat, Rot erscheint, bei Annäherung des Beobachters an die Quelle des Lichts, aber durch die nun kürzer erscheinenden Wellen, für ihn nun ins bläuliche Spektrum des Lichts fallen)*, würde der Effekt der Frequenzdopplung uns z. B. auch auf die Quelle (den Mittelpunkt) unseres Universums aufmerksam machen.

Geht man nun zudem davon aus, daß das Universum irgendwann einmal in einem *Super-Schwarzen Loch* verschwindet und in einem reversiblen Prozeß wieder aus diesem erneut entsteht, dann sollte man folglich auch annehmen, das in der unendlichen Weite des gesamten Weltalls unser Universum nicht das einzige Universum ist, und das der Mittelpunkt unseres Universums nicht der Mittelpunkt der Welt ist.

Denn der kosmische Zyklus besagt nicht, daß immer ein und dasselbe Universum entsteht und vergeht, sondern das dieser Prozeß, der zur Entstehung eines Universums führt und auch zu dessen Vernichtung, sich in der unendlichen Weite des Weltalls immer wieder und wieder nachvollziehen kann.

Und falls noch weitere Universen (Multi-Universen) existieren, die den gleichen physikalischen Gesetzen unterliegen, werden auch diese miteinander wechselwirken und um einen gemeinsamen Mittelpunkt rotieren.

Ein Auseinanderbrechen eines Universums ist also z. B. durch zwei oder mehrere sich bildende *Super-Schwarze Löcher* denkbar.

Daß der Mittelpunkt unseres Universums, den das *Super-Schwarze Loch* beschreibt, nicht endgültig der Mittelpunkt der Welt sein kann, ließe sich zwar von uns aus nicht physikalisch-theoretisch beschreiben, dennoch ließe es sich ad hoc so postulieren, daß es in der unendlichen Weite des Weltraums keinen Mittelpunkt geben kann.

Denn von jedem Punkte ließe sich die gleiche weitest mögliche Entfernung beschreiben, bis zu einem fiktiven Ende des Raumes - nämlich **unendlich** weit.

Aber darüber hinaus sollten sich noch ganz andere Voraussagen machen lassen.

Wenn man nun dahingehend postuliert, daß alles den gleichen physikalischen Gesetzen unterworfen ist und alles auf einem einzigen Grundsatz aufbauend sich beschreiben läßt, läßt es sich weitergehend postulieren, daß auch alles den gleichen Prozessen unterworfen sein muß, also daß die Entstehung von (z. B.) Planeten, Galaxien, Quasaren nach einem bestimmten Schema sich beschreiben lassen, weil sie einfach zwingend aus den Gesetzen der Natur sich ergeben haben, so daß auch unsere Erde, mitsamt ihrer Fauna und Flora und der Spezies *Mensch*, aus einem notwendigen Prozeß entstand, der damit nicht zufällig, sondern aus den Gesetzen der physikalischen Natur her **zwingend** gewesen ist.

Ist diese Entwicklung, die auch zur Spezies Mensch führte, zwingend, so müßte aber auch überall dort, wo sich die gleichen physikalischen Zustände im Universum befanden, ebenfalls ein der Erde ähnlicher Prozeß stattgefunden haben, welcher zur gleichen Entwicklung wie der Fauna und der Flora und der Spezies Mensch geführt haben muß. Also muß es auch auf einem erdähnlichen Planeten Menschen geben!

Wie weit aber die Entwicklung von Fauna und Flora auf einem solchen Planeten fortgeschritten wäre, hängt dann vom jeweiligen Alter des betreffenden Planeten ab, so daß ein solcher Planet, welcher das gleiche Alter wie die Erde hätte, auch eventuell den gleichen Entwicklungsstand haben würde.

So würden dort die Menschen, insofern es wirklich "*Menschen*" in unserem Sinne wären, gleichähnliche soziale, gesellschaftliche, politische und technische Strukturen haben wie wir.

Würden wir diesen Wesen einen Aufenthalt auf der Erde erlauben? Ihnen sogar ein Bleiberecht einräumen und ihnen die Benutzung sozialer Einrichtungen gestatten, mit allen daraus entstehenden Konsequenzen? Dürften Wesen von anderen Planeten eines Tages unsere Erde mit bevölkern und unsere Ressourcen nutzen? Wird die Erdbevölkerung gar mal eine multiinterplanetare Bevölkerung sein? Schon heute sollten wir beginnen diese Fragen zu beantworten! -

Genauso wie ein erdähnlicher Planet durch allgemeingültige physikalische Gesetze entstanden sein müßte, so ist auch unser Planet zwingend aus den notwendigen physikalischen Gegebenheiten, welche das Gesamtsystem NATUR erhalten, entstanden.

Damit schrieb die Natur dem Menschen eine eigene Schöpfungsgeschichte, die bei weitem die Funktionen eines Gottes für diesen Schöpfungsakt ausschließt. Gott ist allein auf der geistigen Bezugsebene (beim Menschen) als Glauben, von Bestand und damit nur als ein Stück der geschichtlichen und sozialen Entwicklung des Menschen zu betrachten. Und der Glaube an Gott bleibt auch nur so lange bestehen, wie der Mensch für seine Psyche den Glauben an Gott braucht. Dies ist beim einzelnen Menschen, wie auch auf die Menschheit bezogen, ein langwieriger Prozeß, der wohl noch viele Generationen überdauern wird, bis dann doch der letzte Mensch den Glauben an Gott durch sein Wissen über die Natur ersetzt hat und auch für ihn **Gott** nur noch zu einem Begriff "**Ad Absurdum**" geworden ist. Denn der Glaube an Gott ist ein Prozeß des Geistes und dieser Prozeß wird für die Spezies Mensch so lange andauern, bis die Gedanken aller Menschen so weit entwickelt sind, daß der Glaube an Gott für sie verzichtbar geworden ist. Als einen natürlichen evolutionären Prozeß kann man diesen Prozeß bezeichnen, der für das ewig Seiende nur soviel ist wie für uns der Bruchteil einer Sekunde, der aber in Wirklichkeit für die Menschheit Tausende von Jahren andauern wird.

So schuf die Natur aus ihrer natürlichen Veranlagung heraus die Gedanken, welche die Natur und sich selbst erkennen können. Aber in dem Moment, wo die Gedanken sich selbst und die Natur erkennen, erkennen die Gedanken, daß sie, im Gegensatz zu ihrer Natur, unvollkommen sind, weil vergänglich. Und mit dem Zeitpunkt, in dem der Gedanke erkannte, daß er erkannte und er erkannte, daß er nicht ewig sei, so wie die Natur, aus welcher er ist, so setzte der Gedanke zwangsläufig nicht nur sein Ziel auf geistige Vollkommenheit, sondern auch auf die Ewigkeit. Ein Ziel, zu dem wir Menschen veranlagt sind, es zu verfolgen, auch wenn es uns nicht direkt bewußt ist. Doch dieses Ziel verfolgen wir nicht zu einem vorbestimmten Zweck (*kein wollender Geist steckt hier hinter - und kein Gott*), sondern es geschieht als notwendige Folge aller Ereignisse, die in Zeit und Raum geschehen. Die Natur hat also kein vorgegebenes Ziel und keines, das sie einem Weltgeist bewußt setzen könnte.

Vielmehr ist die Gesamtlage des Werdens und damit des Geistes so, daß der Ereignisfluß, in dem nichts unabhängig geschieht, sondern sich alles, durch alles bedingt, bewegt, in Richtung eines unbestimmten Zieles sich ordnet.

So ist es nun, daß das menschliche Gehirn ein System ist, das aus Milliarden von Neuronen (geistigen Energieeinheiten) besteht, die scheinbar in schierer Unkenntnis ihrer Arbeit, in einem sich selbst entwickelnden Gesamtplan, dem Ziel der **Ewigkeit** nachgehen und dabei einen inneren Antrieb (eine Seele) besitzen sich zu vervollkommnen, also sich auszubreiten (stetig zu expandieren), um alles zu Geist und Gedanken werden zu lassen.

Und die Gedanken erkennen, innerhalb der Tiefe ihrer Seele, daß sie aus ihrer Bezugsebene (als ungeistige Substanz) zu einer Anordnung wurden (nämlich zu systematisch geordneten Neuronen), die man nun als geistige Substanz (oder genauer: *als Gedanken*) bezeichnen kann. Denn es ist so, daß ein einzelnes Neuron noch keinen Gedanken darstellt.

Erst wenn viele Neuronen sich zu einem physikalischen Prozeß, welchen wir Geist nennen, formiert haben, wird sich erst das bilden, was wir "*Gedanken*" nennen. Und das, was wir Gedanken nennen, bleibt auch nur so lange Gedanke, wie die Neuronen formiert bleiben. Ändert sich die Formation der Neuronen, so löst der Gedanke sich auf.

So gibt es aber auch noch beim Geist des Menschen den Unterschied zwischen ererbten, also veranlagten Gedanken, wie Liebessinn, Schönheitssinn, Humor etc., und diejenigen Gedanken, die erst noch gelernt (das heißt "*geformt*") werden müssen, wie die Sprache, die Mathematik, die Musik, und weiteres.

"*Gelernt*", das heißt, nichtgeistige Substanz umformen in geistige Substanz. Aus **Raum, Bewegung und Zeit** wird **Geist und Gedanke**. Das heißt, Gedanken lassen sich, ähnlich wie materielle Objekte, in Raum und Zeit genauestens festlegen.

So würden sich z. B. **Beethovens** Symphonien, als physikalische Ereignisse, klar nach **Ort, Zeit und Geschwindigkeit** (denn eine Symphonie beinhaltet diese) beschreiben lassen. Jede Symphonie ist zumindest immer dort, wo sie gespielt wird, und auch immer dort, wo sie wahrgenommen wird.

108

Und es sind auch immer zumindest zwei Symphonien: die gespielte und die wahrgenommene. Denn beide unterliegen jeweils anderen physikalischen Bedingungen.

Dennoch ist nicht alles in der Natur zu Geist und Gedanken geworden, und der Hauptbestandteil der Natur ist noch immer ungeistiger Natur.

Das Streben der Gedanken liegt aber darin, nachdem die Natur sich die Gedanken in voller Gedankenlosigkeit anschaffte, sich von der Natur zu befreien, sich zu vervollkommnen, um dann selbst, wie die ihr zugrunde liegende Natur, absolut zu sein, weil ja die Absolutheit und die Vollkommenheit der Natur in ihrer Ewigkeit begründet ist; denn nur das, was ewig ist, ist wirklich vollkommen und frei. Allein hier liegt die Freiheit des Seienden begründet, denn **Freiheit ist Macht!** Und <u>nur derjenige ist wirklich vollkommen frei, der alle Gewalt in sich birgt.</u>

Wenn die Gedanken also absolut werden wollen, so muß alle ungeistige Substanz vergeistigt werden, da die Gedanken nur absolut sein können, wenn alles absolut zu Geist und Gedanken geworden ist. Aber wie könnte alle Substanz der Natur zur geistigen Substanz werden?

Da die Natur als **Raum, Zeit und Bewegung** erst aus sich heraus die Gedanken erschafft, so werden die Gedanken als Substanz auch nur **Raum, Zeit und Bewegung** haben können.

Gedanken, so läßt sich danach postulieren, existieren also immer nur grundsätzlich auf einer bestimmten Bezugsebene, das heißt, sie existieren nicht außerhalb der physikalischen Realität, sondern auch immer in *Zeit* und *Raum*. Und <u>damit haben die Gedanken, wie die anderen Substanzen auch, eine eindeutig identifizierbare Lage, die in Zeit und Raum genausten festgelegt werden kann.</u>

Daher sollte es auch möglich sein, aus allen bestehenden Substanzen **Geist** zu schaffen, da auch die Gedanken aus Raum, Zeit und Bewegung bestehen. So wäre es z. B. möglich, daß uns geistige Felder umgeben. Denn letztendlich beinhaltet ja alles Seiende schon in sich das Geistige bzw. alles das, was das Geistige ausmacht, nämlich **Raum, Bewegung und Zeit!**

Doch welche Rolle nehmen wir hier (in diesem Zusammenhang) in der Natur ein?

Wir Menschen sind die Wirtsträger eines solchen geistigen Mediums (Körper und Geist sind hiernach zu trennen). Jedoch müssen wir für die Gedanken nur ein unvollständiges Medium sein, da wir von großer Unbeständigkeit und schneller Vergänglichkeit sind. Aber wir sind wahrscheinlich für die Gedanken, also für das Geistige, von evolutionärer Bedeutung.

Sind wir also ein Teil eines komplexen sich entwickelnden Weltgeistes? Eines Weltgeistes, welcher nach Ewigkeit strebt? Denn stellen die Gedanken mit uns Menschen nicht alles mögliche an, um ein Stück von der Ewigkeit abzubekommen? Auch wenn wir nur ein wenig über unseren körperlichen Tod hinaus noch weiter wirken können, zum Beispiel als berühmter <u>Philosoph</u>, <u>Staatsmann</u> oder <u>Schriftsteller</u>, so ist es doch immer der Wille jener Gedanken, welche selbst nur ein Teil einer sich selbst organisierenden Gedankenwelt sind, einem sich selbst gegebenen Ziel zu folgen - den der Ewigkeit! Zu guter Letzt sind es also nicht wir Menschen (Insofern wir nicht so vermessen sind, das Geistige als etwas rein Menschliches zu betrachten. Also wir sollten den Begriff **Mensch** nicht ganz mit dem Begriff "*Geist*" gleichsetzen.), die nach Ewigkeit streben, sondern es sind immer die Gedanken in uns, die uns dazu treiben, ewig sein zu wollen.

Bemühen wir Menschen uns denn nicht ständig, ein Elixier zu finden, das uns ewige Jugend und Unsterblichkeit bringt? Und suchen wir Menschen nicht nach weiteren Fortpflanzungsmöglich-keiten, um noch mehr *Raum, Zeit und Bewegung* zu vergeistigen?

Es sind diesbezüglich die Wissenschaftler der Gentechnologie, die es schon so weit gebracht haben, daß selbst Männer Nachwuchs bekommen können. Und sie sind in ihren Gen-manipulationen so weit gekommen, daß sie Lebewesen selbst "*bauen*" könnten. Wen wundert es da, daß die Wissenschaftler sogar so weit sind, Menschen aus der Retorte, also aus Reagenzgläsern, zu züchten. Wie viele Retortenbabys leben bisher? Es sind schon Tausende!

Im Reagenzglas wird die weibliche Eizelle mit dem männlichen Samen befruchtet und später bei einer Frau in die Gebärmutter eingesetzt. Ein geradezu einfacher technischer Vorgang und eine fast schon alltägliche "*Arbeit*". Und wenn die letzten Barrieren, wie die Moral und die Ethik, gefallen sind, dann steht einer einen bestimmten Menschentyp produzierenden Fließband-arbeit nichts mehr im Wege. **Und es ist eine göttliche Arbeit, eine Arbeit aus dem Quell geistiger Macht!**

Diese Menschen könnten dann nach ganz praktikablen Gesichtspunkten hergestellt oder gezüchtet werden, z. B. als

Soldaten für gefährliche Arbeiten und Abenteuer, vor allem aber zur Erkundung des Universums, so wie es einst die Sklaven in früheren Jahrhunderten zur Erkundung neuer Kontinente waren.

Es werden so Tugenden wie die **Ethik** und die **Moral** beim Menschen allmählich verschwinden, und die Menschheit entschlüpft aus ihrer Haut der Gefühle, ähnlich wie ein Schmetterling aus seinem Kokon, in ein großartiges Gewand, aber in eins ohne Emotionen. Denn <u>der Verlust an Emotionen bedingt sich durch den moralischen und ethischen Zerfall.</u>

Als Träger (Medium) benötigen die Gedanken also uns, weil sie durch uns die Mittel haben sich fortzupflanzen (bzw. ungeistige Substanz zu Geist und Gedanken zu machen). Oder biologisch ausgedrückt, Materie zu neuronalen Molekülen zu formen, die in ihrer Gesamtheit ein geistiges Netzwerk bilden. Hier werden sich jedenfalls noch zwei Wissenschaftsbereiche aufeinander zu bewegen und fusionieren, um einen selbstproduzierten Geist zu schaffen. Die einen, die ein geistiges Netzwerk auf biologisch-chemischem Wege herstellen wollen, und diejenigen, die es auf technischem Wege (auf Computertechnologie) produzieren möchten. Doch nur zusammen werden sie es (auf gen-technischem Wege) schaffen, funktionsgerechte neuronale Netzwerke zu produzieren.

Doch wenn unsere Gefühlsbarrieren, die uns Menschen in unserer Entwicklung so lange Zeit am Überleben gehalten haben, verschwinden, kann eine neue Spezies, die Überlebensfähiger ist als wir es sind, heranwachsen und uns als Gedankenträger ablösen. Und zudem ist es auch nötig, möglichst viele Träger zu schaffen, weil ja die Gedanken die Fähigkeit der Fortpflanzung nicht grundsätzlich besitzen. Das heißt, daß sie nicht diejenigen Substanzen produzieren können, in welchen sich die Neuronen formieren. Der Geist ist also von seinem körperlichen Medium abhängig. Eine Überbevölkerung des Planeten *Erde* scheint aus diesem Grund hier geradezu unausweichlich, denn die Population des Menschen ist unabdingbar auf Vervielfältigung ausgelegt. Hier schließen sich nun auch andere Fragen an, wie beispielsweise: *wie viele Menschen verträgt die Erde?*

Der Geist im Menschen wird also nicht nur versuchen, sich selbst auf andere Materialien (neuronale Netzwerke der Computer-technologie) zu kopieren, sondern er wird auch versuchen, seine eigene geistige Substanz (also den biologischen Stoff, aus dem die Gedanken sind) zu vervielfältigen.

111

Selbst die Philosophie (und auch alle anderen Wissenschaften) sind daher gleichfalls nur als die Vorbereiter zur *Vergeistigung aller Substanzen* zu betrachten. Jedenfalls sind sie bisher die entscheidenden Wegbereiter gewesen. Der Unterschied zwischen natürlicher (im Sinne von: *ursprünglich uns bekannter*) Intelligenz und künstlicher Intelligenz verschwindet allmählich.

Wir Menschen haben also diese Fähigkeit *Wegbereiter* zu sein. Und wir sind ja dahingehend auch schon so weit gekommen, die Gedanken in mannigfaltiger Weise fortpflanzen zu lassen. So schufen wir Menschen die Gentechnologie, die es einmal so weit bringen wird, daß sie nicht nur Pflanzen, Tiere und auch Menschen genmäßig verändern kann, sondern auch, daß Geist in vielfältiger Weise verpflanzt oder das Geist zum Beispiel von Mensch zu Mensch, von Mensch zu Tier (etc.) direkt übertragen (verpflanzt) werden kann. Aber für die Gedanken werden auch diese Medien nur unzureichend sein, ja nichts weiter als ein kleiner unbedeutender evolutionärer Schritt, da diese Medien zu schnell für die Gedanken vergänglich sind, denn mit ihnen können die Gedanken nicht ewig sein. Deswegen wird der Mensch im Laufe seiner Entwicklung, durch die Genmanipulation sich selbst so verändern, daß er auch bei feindlichen Umweltbedingungen noch weiter existieren kann. Der Vorstoß ins Weltall ist zudem nicht nur als ein erster weitreichender Versuch zu deuten, neue Welten zu finden, um der Gefahr einer kosmischen Katastrophe entkommen zu können (in welcher die Gedanken keine Existenzgrundlage mehr hätten), sondern es ist auch der erste hoffnungsvolle Versuch, indem sie in Weltraumlabors an Genen experimentieren, sich so zu manipulieren, daß die Menschen in allen Teilen des Weltalls eine Existenzgrundlage haben könnten.

Genauso wie die bisherigen Versuche, Menschen auf außerplanetarischen Stationen in Weltraumlabors auf längerfristige Aufenthalte außerhalb der Erde vorzubereiten, als derartige Vorstöße zu deuten sind, sich von der Erde schrittweise zu befreien, so wird auch die bewußt hingenommene Umweltzerstörung in der Population einen Menschentyp hervorbringen, der auch unter den extremsten Umweltbedingungen noch weiter existieren kann. Jedoch ist auch die eigene Vernichtung, bzw. die vollständige Auflösung der Menschheit (und ihres Geistes, bzw. ihrer Gedanken), durch selbst produzierte Katastrophen möglich geworden. Inwiefern nun dieser gesamte Weltgeist es schafft, diese Probleme, die bisher oftmals nur grundsätzlich politischer, sozialer oder religiöser Natur sind, zu meistern, wird uns der Lauf der Geschichte noch zeigen. Die bisher ungebremste und allmählich fortschreitende Zerstörung der Erde durch den Menschen, ist jedoch keine bewußt gewollte oder auf ein Ziel gerichtete Zerstörung, sondern diese Entwicklung liegt in der Veranlagung der Gedanken begründet, wird also ohne bewußte Zielstrebigkeit inszeniert und könnte damit wahrscheinlich für die Menschheit unausweichlich sein. So sieht die Weltlage jedenfalls bisher aus.

Diese Veranlagungen offenbaren sich zum Beispiel in den Charakteren der Menschen, die wir als **Habsucht, Machtstreben, Eifersucht, Eitelkeit** oder **Egoismus** beschreiben. Und weitere Wesenszüge teilen sich auch durch **Freude, Glücksempfinden, Liebe, Geldgier, Langeweile, Unentschlossenheit, Verwirrtheit, Hoffnung** (um nur einige zu nennen) mit. Und diese unsere Veranlagungen sind es, die uns weiter in den Weltraum treiben. Sie treiben uns von der Erde weg, damit wir unseren Geist in die gemäßigten und überlebensfähigen Zonen des Weltraumes bringen. Keine anderen Eigenschaften als diejenigen, die dem Weltgeist helfen sich zu verewigen, treiben uns so weit von der Erde fort - in das Weltall hinein.

Aufgrund der von Wissenschaftlern gemessenen Weltraum-temperatur unseres Universums von ca. **2,7 Kelvin**, welches uns die Dichte und das Aktionsvermögen ihrer internen Wechselwirkungen anzeigt, stellt sich die Frage, ob ein weiteres Herabsinken der Temperatur, welche mit einer Strukturveränderung des Universums einhergehen müßte, noch die Gewähr bietet, Leben zu erzeugen und zu erhalten?

Und falls es so sein sollte, daß Leben mit diesen Veränderungen auslischt, muß man sich fragen, ob irgendwelche Möglichkeiten bestehen, diesen Strukturveränderungen zu entgehen? Wäre eine Flucht aus dem sich verändernden und lebensfeindlichen Universum in ein anderes ökologisches Gleichgewichtssystem des Weltalls möglich? Oder wäre das zeitliche und örtliche Ende des Universums auch gleichzeitig das Ende jeglicher Möglichkeiten, Lebensformen zu erhalten und zu produzieren? Falls dieses so wäre, gäbe es für das Leben (und damit für den Geist und für die Gedanken) wahrscheinlich keine Chance auf ewiges Fortbestehen mehr.

Aber vorher wird für die Menschen die Überbevölkerung der Erde noch zu einem der vordringlichsten Probleme werden.

Dennoch kann gerade dieses Problem Motor für eine verstärkte Flucht des Menschen in den Weltraum hinein sein, zur Flächennutzung auf anderen Planeten (und um damit den Weltraum mit Geist und Gedanken weiter zu "*infizieren*"). Zumal andere Planeten ein ungeheures Energie- und Rohstoffpotential darstellen. Der Tag wird vielleicht noch kommen, wo es sich für die Menschheit lohnt, diese Potentiale zu nutzen.

Auf anderen Planeten wird sich aber dann wohl die Population des Menschen vom jetzigen Menschentyp entfernen und eine neue Art hervorbringen, die unter den jeweils existierenden Umweltbedingungen weiter existieren kann. Der Gedanken nächst höheres Ziel wird es daher sein, aus lebensfeindlichen Gebieten des Universums auszubrechen und eine geistige Existenz anzustreben, die ganz außerhalb des Universums liegt.

Denn eine weitere Expansion des Universums hätte ja schließlich einen weiteren Temperaturrückgang zur Folge und katastrophale Auswirkungen auf unser Leben, wie auch auf alle anderen kosmischen Objekte in diesem Universum. Dies bringt unwiderruflich der physikalische Prozeß mit sich. Hier ist also der Geist des Menschen gefordert, Mittel und Wege zu finden, die ihn aus dieser kommenden Katastrophe (und sei sie zeitlich für uns jetzt noch so fern) bringen wird.

<u>Und dies kann unweigerlich in erster Linie nur die Weltraumfahrt sein. In ihr ist das höchste ethische Ziel des Menschen zu sehen, nämlich den Menschen vor allen kommenden kosmischen Katastrophen zu retten und damit sein Leben zu bewahren, bzw. das, was sein Leben ausmacht - das Geistige!</u>

Das Gedanken auch auf andere Medien existieren können, die wir, aus unserer Sicht, nicht als Organismen bezeichnen würden, läßt sich am Beispiel Computer klar erkennen. Der Computer läßt sich uns hier als der beste Hinweis dafür postulieren, daß Gedanken auf jedem anderen Medium auch existieren können. Besteht hier für den Geist nicht die Chance, sich jeder kosmischen Veränderungen anpassen zu können, um damit nicht vor allen Veränderungen flüchten zu müssen? Der Computer läßt sich uns also als einen solchen Hinweis deuten, daß Gedanken auf jedes andere Medium übertragbar sind. Und wir haben ja schon heute die Fähigkeiten Gedanken als Daten zu speichern, sowie sie zu verbessern und zu erweitern, das heißt auch, sie zu "*kreativieren*". Selbstprogrammierbare Computer sind daher auch die Computer der nächsten Generation.

Das heißt, es sind nicht nur Computer zur reinen Datenerfassung und Verarbeitung, sondern es werden in erster Linie kreative Computer sein, also Computer, die nicht mehr programmiert werden müssen, sondern die sich selbst programmieren und verbessern können. Und diese Computer werden eines Tages ihre Arbeit in leistungsfähigen Robotern verrichten. Auch wird es solche Roboter geben, die sich selbst vervielfältigen können. Mit dieser neuen High-Tech-Generation wäre dann nicht nur ein neuer Geist geschaffen worden, sondern eine ganz neue Kreation von "*Lebewesen*", welche uns Menschen in allen Belangen weit überlegen sein könnte. Hier aber würden wir vorerst die Rolle eines Gottes übernehmen. Denn was haben wir nicht schon alles für Fähigkeiten, die ein Gott nicht auch haben sollte?

Vor allem Wesen zu erschaffen - und auch zu vernichten! Das heißt, **nicht Gott erschuf uns, sondern wir sind die Götter, die neuartige Wesen schaffen!**

Trotzdem könnte in dieser technologischen Welt die Menschheit zu einem derart großen Übel werden (Ist sie dies nicht teils heute schon?), daß die Roboter sogar die Menschen (diese einzigartigen *Götter*), also diese einmalige urtümliche Spezies von geistigen Lebewesen, abschaffen bzw. vernichten werden. Und was haben diese Roboter, diese von uns erschaffenen Wesen, nicht alles für Fähigkeiten, die wir nicht auch haben oder die ein Gott auch hätte? Nämlich Wesen zu erschaffen und zu vernichten! Doch für eine solche Computergeneration wird es nicht reichen, nur kreative Computer zu sein, sondern sie müssen schon den Sprung zur nächst höheren Stufe geschafft haben, nämlich "*gefühlvolle*" Computer (Roboter) zu sein. Das heißt, wir hätten aus Computern und Robotern "*Menschen*" gemacht - **Humanoiden!**

So wie wir mit den Robotern ein Ebenbild von uns schaffen, so werden die Computer (Roboter) auch genauso einmal nach unserem Ebenbild Roboter erschaffen. Doch mit diesen Humanoiden stehen wir Menschen vor dem Problem, diesem "*menschlich*" gewordenen Gerät, also der perfekten Nachahmung eines Menschen, "*Persönlichkeit*" zusprechen zu müssen. Aber was ist die Persönlichkeit überhaupt? Liegt sie allein im Geistigen eines Lebewesen begründet?

115

Liegt die Persönlichkeit aber allein im Geistigen begründet, das heißt, in der **Qualität** der gedachten Gedanken, dann muß es auch wiederum jemanden geben, der über das Maß des geistigen Niveaus entscheiden kann. Also ist hier die Persönlichkeit von außen gegeben. Aber wer kann über geistiges Niveau entscheiden, wer nicht zumindest selbst geistiges Niveau besitzt und zudem Persönlichkeit? Also kann, wer keine geistigen Qualitäten besitzt, auch nicht ernsthaft über die geistigen Qualitäten anderer Wesensarten urteilen.

Die Frage, vor der die Menschheit einmal stehen wird, ist die, ob ein Computer, der zweifelsohne eine hohe geistige Qualität besitzt, eine eigene Persönlichkeit hat und wenn ja, ob dieser Computer sich selbst einmal die Frage stellen kann, ob er oder ob die Menschen denn genügend geistiges Niveau haben, um als Persönlichkeit betrachtet werden zu können?

Ist diese technische Generation der Humanoiden aber erst einmal so weit, darüber befinden zu können, wer Persönlichkeit hat und wer nicht, dann wäre es durchaus denkbar, daß die Menschen als Entscheidungsträger nichts mehr zu entscheiden haben. Der Computer ist dann nicht nur Mensch geworden, sondern zu einem Übermenschen. Aber was macht denn einmal einen Computer menschlich? Wird es das Äußere sein - die perfekt nachgeformte Hülle des Menschen? Oder wird es allein das Geistige sein, in seiner perfekten Nachahmung, welches doch den wesentlichen Charakter des Menschen ausmacht?

Welches es nun auch sein mag, in dem Moment, in dem dieser Computer, bzw. dieser Roboter, diese Kriterien erfüllt, erhält er auch zugleich den Anspruch auf Leben.

Hier müssen wir uns sicherlich fragen, wann Leben anfängt und wo es aufhört. Ist Leben alleine durch eine Stoffwechseltätigkeit begründet? Oder reicht es aus, wenn Wesen sich selbst am Leben erhalten können? Wenn die natürliche Fortpflanzung von Wesen ein Kriterium für Leben sein sollte, dann müßte man den sich selbst entwickelnden und produzierenden Computern und Robotern gleichfalls einen natürlichen Fortpflanzungsmechanismus bescheinigen. Wenn aber das Leben im Geistigen begründet liegt, wodurch erhalten dann die Gedanken Leben? Durch ihre Seele? Also durch den Antrieb, sich zu verewigen? Ist jenes heroische Gefühl, z. B. mit der Tiefe des Weltalls verbunden zu sein (oder das Gefühl der Liebe zu einem anderen Menschen), ein Gefühl von Leben? Und ist dieses

116

Gefühl denn nichts weiter als eine Ansammlung reiner, kalter, lebloser Gedanken (sowie in ein Speichermedium eingebrachter Gedanke kalt und leblos ist), welches aber in der Gesamtheit aller (geistigen) Prozesse die Ebene des Gefühls erhält? Also auch das Gefühl zu *leben*? Oder hat grundsätzlich jeder Gedanke ein heroisches Gefühl, ein Gefühl von "Leben", auch wenn er nur als einfache Datenstruktur abrufbar in einem Speichermedium aufbewahrt wird?

Ist ein Gefühl, und wenn es nur das Gefühl ist zu "*leben*", eine Anzahl von unbewußten Gedanken, die aus der Tiefe des Denkens kommen, und uns auch nur diese Tiefe der Gedanken die Tiefe des Fühlens uns verleihen kann? Dann könnte man jedem Speichermedium auch diese Tiefe der Gedanken geben, das heißt, programmieren. Das heißt, damit besäße dieses nun gefühlvolle programmierte Speichermedium selbst "*Leben*". Und wenn diese Medien nun wie wir Menschen auch fühlen könnten, wären uns diese Medien dann nicht gleichberechtigt? Ein solches Medium müßte doch dann auch ein staatlich sanktioniertes Recht auf Leben bekommen, oder nicht? Also auch unter so etwas wie das "*Menschenrecht*" fallen?! Wie würde sich dann unsere Ethik ändern? Vor diesem Problem werden zukünftige Generationen (wie unter vielen anderen Problemen auch) stehen

Ist es überhaupt sinnvoll, Medien zu erschaffen, die uns Menschen ähnlich sind? Das heißt, Medien die Gefühle wie wir besitzen, also solche Gefühle wie die Liebe, die Eifersucht, die Eitelkeit oder wie Machtstreben und Intoleranz. Also ein Medium mit allen Vorzügen und Nachteilen. Sind es denn nicht gerade diese Nachteile, die wir eigentlich als unsere "*Fehler*" überhaupt erst abschaffen wollen?

Also was sollten wir eigentlich mit dem menschlich inszenierten Medium des Computers wollen? Oder mit dem perfekten Nachbau des Menschen? Sind es denn nicht geradezu unsere Fehler, die uns in vielen Dingen so überlegen machen, so daß ein anscheinend fehlerfreies Medium der größte Fehler wäre?

Nicht wir wollen den perfekten Nachbau des Menschen, und nicht wir wollen den besseren Menschen bauen, sondern der Geist will sich dieses Medium schaffen, um weiterhin, auch unter widrigsten Umweltbedingungen, Geist sein zu können.

Aber nicht nur andere Medien, auf die Gedanken übertragen werden können (wie beim Computer), sind für die Gedanken interessant, auch in anderen Bezugsebenen wollen die Gedanken ihren Einfluß besitzen. So läßt sich erkennen, daß der Mensch auch immer mit seinen Gedanken den Weg ins **Mystische** sucht. Denn das sogenannte "*Mystische*" läßt sich auch als eine weitere Bezugsebene deuten, die wir zwar in uns spüren, aber auf die wir keinen Einfluß haben, weil sie sich unserer optisch erkennbaren "*Sphäre*" verschließt.

Haben wir aber diesen Weg ins sogenannte "*Mystische*" einmal gefunden, so haben wir wieder die geistige Natur einen Schritt weiter voran gebracht, alles zu vergeistigen, damit die Natur des Geistes vollkommen und absolut werden kann. Jedoch müssen die Gedanken, um absolut zu werden, sich nicht nur von ihrem Medium befreit haben, sondern sich selbst auch von der Vergänglichkeit befreien.

Hier aber liegen Geist und Natur im Zwiespalt! Denn in dem Moment, in dem die Gedanken sich von der Vergänglichkeit befreien, haben sie die Natur erlöst - von ihrer *Ewigkeit*.

Ist es denn nicht so, daß die Gedanken den stetigen kosmischen Zyklus des Universums außer Kraft setzen müßten, um absolut zu werden? Ja, daß sie schließlich die Gesetze und den Grundsatz der Natur außer Kraft setzen müßten, um schließlich absolut Geist zu sein? Aber in dem Moment, wo die Gedanken die Natur zersetzen würden, zersetzten sich die Gedanken selbst. Letztendlich muß der Geist erkennen, daß er als Geist nur ein ewiger Geist sein kann, wenn er nur noch einen einzigen Gedanken hat, weil mehrere Gedanken zu haben nichts weiter aussagt, als vergängliche Gedanken zu haben. So werden dann nicht nur die Antworten auf die Fragen unbeantwortet bleiben, die doch eigentlich den besonderen *Charme* des Menschen ausmachen, nämlich überhaupt erst danach zu fragen:

"Woher komme Ich?"
"Was bin Ich?"
"Was soll Ich?"
"Wozu führe Ich?",

sondern es kann sozusagen nur die Krönung aller Erkenntnis in dem einen Satze liegen:

"Cogito, ergo sum!"

118

"Ich denke, also existiere Ich!" oder
"Ich erkenne, also bin Ich!".

Was aber nicht im entgegengesetzten Schluß heißen soll, daß, wenn Ich nichts erkenne, Ich nicht bin. Also nicht:

"Ich erkenne nichts, also bin Ich nicht!".

Die Krönung der Natur ist also der **Geist**, der sich jedoch selbst die Existenzgrundlage entziehen würde, wollte er ein ewiger Geist sein. Das gleiche würde auch für einen Gott gelten. Doch nur ein ewiger Gott, wäre ein absoluter Gott. <u>Doch die Absolutheit schließt dies aus, da sie sich selbst in sich ausschließt!</u> Allein schon daher ist der Begriff *"Gott"* nur **Ad Absurdum** zu führen.

"Ein und dasselbe offenbart sich in den Dingen als Lebendes und Totes, Waches und Schlafendes, Junges und Altes.

Denn dieses ist nach seiner Umwandlung jenes, und jenes, wieder verwandelt, dieses."

(Heraklit)

Schlußwort:

Der Glaube vieler Menschen, nach dem Tod in "*Reich Gottes*" einzukehren, läßt sich sicherlich nicht nur psychologisch als Wunsch, ein neues, ewiges und erfülltes Leben antreten zu können, erklären, um vielleicht einen Ausgleich für die Schmerzen im irdischen Leben zu bekommen, sondern er scheint auch Ausdruck für ein ganz unbestimmtes Gefühl zu sein, daß man noch mit einer ganz anderen Welt in Verbindung steht. Mit einer für uns verborgenen Welt.

Betrachten wir unsere Weltlinien in einem Raum-Zeit-Diagramm, so werden wir feststellen, daß wir uns nur in einem bestimmten physikalischen Bereich bewegen. Dieser physikalische Bereich steht inmitten sich angrenzender Ultrabereiche.

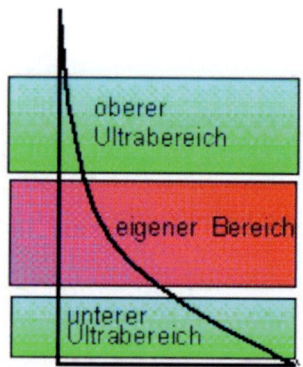

Was also unterhalb oder oberhalb unseres Weltlinienbereiches liegt, ist außerhalb unseres Einflußgebietes.

Hieraus läßt sich die hypothetische Annahme ableiten, daß auch mehrere Welten "*zur gleichen Zeit am gleichen Ort*", also in "*mehreren Ebenen ineinander*", existieren könnten, da deren Frequenzdichte weitgehend unabhängig und unbeeinflußt voneinander existieren. Von deren Existenz würden wir also deshalb nichts bemerken, da sie außerhalb unseres meßbaren Bereiches liegen.

Demnach wäre es rein hypothetisch möglich, daß dort Wesen ganz anderer Art existieren oder das sogar Menschen, die aus unserem Leben geschieden sind, also die die für uns zugehörige Frequenzdichte (nach ihrer molekularen Auflösung) verlassen haben und nun, wie auch immer, in einer anderen Dimension weiter existieren, mit der Aufnahme hoher Energien wieder in unserer Existenz erscheinen können.

Dies würde damit die Erscheinungen vieler Menschen, die ganz ins Mystische gehen, erklären und vielleicht könnte man sogar eines Tages diese Erscheinungen wissenschaftlich als real existierend beweisen oder zumindest als Trugbild erklären. Die sich einander gleichenden Erscheinungen vieler Menschen dürfen aber bis dahin nicht einfach als barer Unsinn abgetan werden, sondern es muß zumindest so lange der ernsthafte Versuch gemacht werden, diese Phänomene in die Realität mit einzubeziehen, bis ihre Existenz bewiesen oder als Trugbild abzulehnen ist. Denn Erscheinungen, die Menschen z. B. für Verstorbene hielten, könnten vielleicht doch eines Tages eine reale Erklärung erhalten. Sie müßten dann nicht weiter im Übersinnlichen oder Mystischen (welches es ja real nicht gibt) angesiedelt sein. Ja, vielleicht schaffen wir Menschen es in dem Moment, wo wir mit dem Tode ringen, unsere Kräfte noch einmal so zu mobilisieren, daß wir uns, als eine gebündeltes Energiepaket, noch einmal in Zeit und Raum schicken können, um so eine weitere, wenn auch vielleicht nur kurzfristige, Existenz uns zu schaffen.

Und wenn das Bewußtsein aus unserem Körper weichen sollte und all die geistige Energie in eine andere Dimension mitnimmt, die uns im Leben ausgezeichnet hat, und uns den Toten, einen Leichnam, als eine körperlich leere Hülle hinterläßt, könnten wir eventuell durch die Aufnahme weiterer Energien unsere geistige Daseinsweise so verstärken, daß diese in andere Ebenen übergreift, wo wir auch unseren Hinterbliebenen, also unseren Angehörigen und Freunden, nicht ganz mitteilungslos sind. Solch ein Prozeß könnte so lange stattfinden, bis sich die restlichen Energien des Geistes in die unendliche Weite des Weltraumes verflüchtigt, vermischt und verdünnt haben, um als einzelne Kräfte sich wieder zu neuen Energien zu formen, bis diese sich wieder zu Geist und Bewußtsein zusammengeformt haben.

Aber in dieser Phase, wo verschiedene Bewusstseins-energien aufeinander treffen und sich mischen, könnten neue Bewusstseinsebenen entstehen, die in dieser Mischung, als eine neue

Geisteswelt, eine Macht werden, die uns merkbar oder unmerkbar beeinflussen. Dabei spielt aber die Zeit der verschiedenen geistigen Bezugssysteme untereinander eine Rolle, die für eine Geisteswelt nicht unwesentlich ist, da sie direkt mit dem Raum, als eine Einheit, verbunden ist. So ist es vielleicht eines Tages möglich, daß wir mit unserem Wissen eine Basis haben, womit wir die bisher uns verborgenen Welten näherrücken lassen können.

Vielleicht gibt die Fähigkeit von Menschen, die ein besonderes Feingefühl (einen Instinkt) besitzen Ereignisse vorherzusehen (also eine Art Vorahnung haben), Rückschlüsse über diese für uns verborgene Welten auf. Auch wenn dies als bloße Spekulation hier erwähnt ist (und in ein solches Werk, wie dieses hier, eigentlich nicht hineingehört), so möchte ich mich doch über eine solche Gepflogenheiten einmal hinwegsetzen und damit eine Lanze brechen, indem ich auch kurz über diese Phänomene schreibe, die seit jeher zu unserer Welt dazugehören. Auch dann, wenn sie später einmal als reine Sinnestäuschungen entlarvt werden könnten.

Solange wir diese Gedanken aber nur im *Übernatürlichen* (welches es nicht gibt) ansiedeln, wird es auch nie den ernsthaften Versuch geben, die Wissenschaft, in ihrer ganzen Breite und Vielfalt, für die Erforschung dieser Gebiete zu gewinnen, um diesen Phänomen auf die Spur zu kommen und sie zu enträtseln. Denn sollte sich irgend etwas bei diesen Phänomen einmal bestätigen, muß man sie auch in die physikalischen und in die philosophischen Theorien mit einschließen. Es sollte aber kein Wissenschaftler so hochmütig sein, dies von vornherein auszuschließen, nur weil gewisse Phänomene nicht in unser heutiges Weltbild passen, welches auf Erkenntnisse von Newton und Einstein basiert.

Rein gefühlsmäßig lassen sich bestimmt viele Menschen zu der Annahme verborgener Welten verleiten, in der wir uns vielleicht nach unserem Tode auch selber befinden werden. Ob den Menschen allerdings der Gedanke erträglich wäre, daß Verstorbene zur gleichen Zeit und am gleichen Ort unbemerkt weiter existieren könnten, läßt sich dagegen nur schwer vorhersagen. Genauso schwer läßt sich vorhersagen, welche Konsequenzen bei einem solchen wissenschaftlichen Beweis, dies für die Menschen auf dieser Welt mit sich bringen würde.

Für diese uns bisher als absolut gegoltene Welt, die in Wahrheit aber nur als Ganzheit absolut ist (in sich, in ihrem Fundament, aber nur relatives birgt), ist die Wahrheitssuche ein hoffnungsloses dynamisches Unterfangen. Denn so wie das zeitlich nacheinander aufflackernde Licht einer Lichterkette uns eine Wellenbewegung vorgaukeln kann, so scheint das Gehirn mit seinen Prozessen uns eine physikalische Gesamtheit vorzugaukeln, die wir uns als **Welt und Natur**, als **Sein und Bewußtsein**, als **Identität und Persönlichkeit** vorzustellen scheinen.

Was wir erkennen, ist eine <u>Kompaktheit von relativen Wahrheiten und Existenzen</u>, aber dennoch nicht eine gänzlich absurde und falsche Vorstellung von der Welt. Denn als physikalische Gesamtheit, und sei es eine, die nur aus relativen Wahrheiten zusammengesetzt ist, ist die Welt aber erst für uns eine Welt und damit eine Wahrheit, die uns damit auch so als Gesamtheit erscheinen kann, wie sie es für uns auch wirklich ist. Und sie ist damit auch so, wie sie uns erscheint.

Da das Seiende aber nur im jeweiligen Moment existiert, also in der Gegenwart, und damit das Bewußtsein auch nur ein gegenwärtiges bewußtes Sein sein kann, stellt sich die Frage:

Wie lange dauert ein Augenblick?
Also, *wie lange kann mein Sein mir bewußt sein?*

Oder anders gefragt:
Wie schnell geht die Zeit an jedem einzelnen Zeitpunkt vorbei?

Aber hier läßt es sich noch genauer fragen:
Welche Geschwindigkeit ist der Zeit zuzuschreiben?

Wer die Antwort weiß, weiß, daß das Zeiterlebnis sich uns als ein unbewußtes Erlebnis von Geschwindigkeit konstatiert. Da die Zeit aber hier in dieser Theorie nichts fließendes ist, sind die vorherigen Fragen natürlich irreführend. Daher muß die Frage über die Schnelligkeit der Zeit hier anderslautend gestellt werden, nämlich:

*Wie schnell fließe **Ich** an der Zeit vorbei?*

Da die Zeit und damit jeder einzelne Zeitpunkt der Gegenwart von der Geschwindigkeit eines Objektes bestimmt wird (auf welches sich die Zeit bezieht), ist der kleinste theoretisch denkbare Zeitintervall eines Zeitpunktes der der unendlich hohen

Geschwindigkeit, also der der unendlichen kleinen Zeiteinheit. <u>Der kleinste Moment der Zeit ist also unendlich klein!</u>

Da Bewußtsein aber in einer Substanz eingebettet ist und somit einer eigenen bestimmten Eigenzeit unterliegt, die dem Zeitpunkt zu einem eigenen subjektiven Erlebnis macht, ist jeder subjektive Zeitpunkt das Produkt aus vielen objektiven Zeitpunkten.

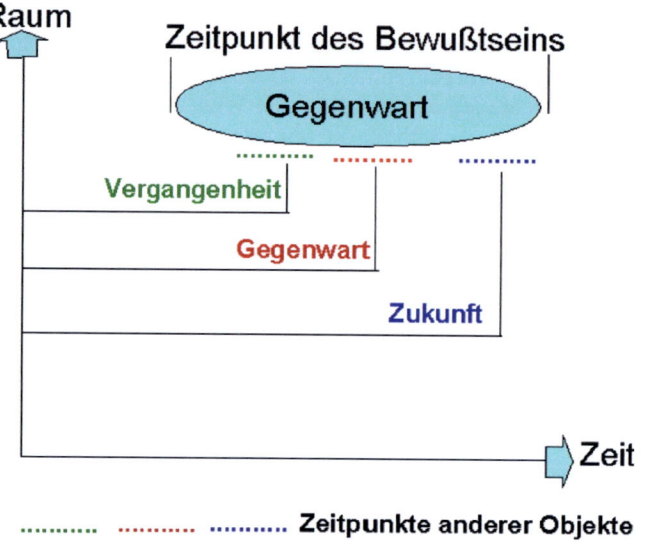

Das Bewußtsein akkumuliert somit unbewußt die Zeitpunkte der uns umgebenden Welt, faßt also deren Vergangenheit, Gegenwart und Zukunft zu einem einzigen Zeitpunkt zusammen und schafft sich damit eine eigene relative gegenwärtige Welt.

Wenn wir also meinen, Wissen aus der Zukunft oder aus der Vergangenheit zu haben, so kann das daraus eine Folge sein, daß jedes fremde Objekt seinen eigenen Zeitpunkt, seine eigene Gegenwart, also seine eigene Zeit hat, die in Relativität mit unserer Zeit und unserer Gegenwart steht. Ja, so scheint es auch, als strahle jedes gegenwärtige Ereignis einen Widerhall aus: in *Zeit und Raum*, in Richtung *Zukunft* und in Richtung *Vergangenheit*.

Aber nicht nur das Bewußtsein hat seine Eigenzeit und transzendiert Zukunft, Gegenwart, Vergangenheit zu einer einzigen relativen Gegenwart. Alle Kräfte haben ihre eigenen Zeiten, da sich jede einzelne Kraft mit einer eigenen Geschwindigkeit bewegt und damit eine eigene Zeit besitzt.

Wenn aber nun jede einzelne Kraft ihre eigene Zeit hat, ergibt sich daraus das Problem, daß auch diese einzelnen Kräfte ihre eigene Gegenwart haben, die nicht zeitgleich mit der Gegenwart anderer Kräfte einhergehen müssen. Sind die Kräfte aber nicht zeitgleich, so sind deren gegenwärtige Momente zeitverschoben. Dies gibt uns das Gefühl, daß, wenn die Kräfte untereinander nicht gegenwärtig zeitgleich erscheinen, auch nicht alle Kräfte für uns zur gleichen Zeit existieren. Damit wäre die Welt auch für uns nicht unendlich. Doch dies ist ein Trugschluß! Denn die einzelnen Kräfte sind zwar alle für uns nicht zeitgleich (denn sonst wären sie nicht dynamisch), aber dennoch existieren sie gleichzeitig (sonst wären es ja eben nicht unendlich viele). Die Zeitgleichheit bezieht sich also nur auf diejenigen Objekte, die eine gemeinsame Bewegung im gleichen Raume haben, bei gleicher Geschwindigkeit. Doch eine gemeinsame Bewegung im gleichen Raume (mit gleicher Geschwindigkeit) haben sie meist nie. Daher sehen wir in unserem Universum auch nicht alle Materie auf einem Blick. Die Materie die wir nicht erkennen, bleibt uns objektiv als **dunkle Materie** verborgen.

Die Natur ist in der unendlichen Vielfalt ihrer Möglichkeiten unendlich ungleichförmig und unbeständig, das heißt, in sich selbst niemals statisch. Die in der Zeit und in der Häufigkeit unendlich fortbestehenden Bewegungen bedeuten daher unendliche Vielfalt der Möglichkeiten, die diese Bewegungen hervorzubringen vermögen. Ist aber nichts gleich, weil die unendliche Vielfalt die Gleichheit ausschließt, dann ist es *de facto* anzunehmen, daß das Leben, welches sich auf der Erde entwickelte, sich auch nur einmal in der Natur entwickeln konnte. Womit das Leben, insbesondere das geistige Leben, auf der Erde ein einmaliges Aufflackern der Natur wäre.

Aber es ist auch anzunehmen, daß die unendliche Vielzahl der Möglichkeiten, verschieden zu sein, auch die Möglichkeit, sehr oft verschieden zu sein, beinhaltet. Denn man bedenke, es gibt ja nicht nur einen Menschen, sondern viele Menschen. Und keiner ist so, wie der Andere ist.

So kann es auch möglicherweise viele verschiedene Erden geben, ohne daß die eine ganz genau der anderen gleicht. Auch die Lebewesen auf diesen Erden könnten uns ähnlich, aber ansonsten gänzlich anders geartet, sein. Und so reich, wie die Natur an Möglichkeiten ist, wird sie wohl auch im reichlichen Überfluß dieser Möglichkeiten leben.

So reich wie die Natur an Möglichkeiten ist, sich selbst zu gestalten, so ist auch jede Realität, jede Wahrheit, jeder Vorgang, eine unbeständige Erscheinung in der Natur. Diese Dynamik der Natur ist das Produkt ihres einzigen Grundsatzes:

Etwas, was ist, muß Kraft haben, um zu sein!

Hierauf baut sich alles Leben auf. Die Welt reduziert sich also in diesem einen Satze. Diese Information ist aber nicht nur in allem Seienden, alles Seiende ist diese Information. Das heißt, diese Information äußert sich uns in Raum, Zeit und Bewegung.

<u>Es ist die Kraft, die Leben schafft!</u>

***

Die hier abgehandelte und nun zu Ende gebrachte Theorie ist eine Theorie der Dynamik, das heißt, sie ist eine Theorie, die auf stetige Veränderung und Unbeständigkeit der Zustände beruht. Dabei ist gerade das Beständigste die Unbeständigkeit der Zustände. Das heißt, es ist das Eine (die Beständigkeit) im Anderen (in der Unbeständigkeit). Denn das Beständige ist hier durch die stetige Unbeständigkeit begründet.

Aber sowie das Eine auch in dem Anderen ist, so ist das Andere auch in dem Einen (hier begründet sich die Existenz des stetig unbeständigen durch ihre Beständigkeit).

Es ist beides gleich zur Zeit und doch nicht zugleich eins.
Es ist und es ist nicht!
Es ist und es ist Nichts!

"Wir steigen in denselben Fluß und doch nicht in denselben; wir sind es, und wir sind es nicht. Denn: wer in denselben Fluß steigt, dem fließt anderes und wieder anderes Wasser zu."

(Heraklit)

"Es gibt tatsächlich Dinge, für welche die Zeit noch nicht reif ist, sie gehen ohne Gewalt selbst unter. Dabei ist bekannt, daß sich alle großen Neuerungen als ihrer Zeit vorauseilend erwiesen. Wenn sie auch nicht verhindert wurden, so fanden sie doch keinen Anklang und erloschen oder versanken allmählich unter großen Anstrengungen und Opfern.
Stellen wir uns vor, daß unter uns ein so ungewöhnlicher Mensch wie Giordano Bruno, Galilei oder Kopernikus auftauchte. Niemand versteht ihn, der kleine Kreis seiner Schüler zweifelt an ihm, und auch wer ihn versteht, kann ihm nicht helfen. Die Redaktionen der Zeitschriften nehmen seine Artikel nicht an, weil sie diese für unwissenschaftlich halten und den Anschauungen der Zeit widersprechend. Sie brauchen die Klugheit der enzyklopädischen Wörterbücher .... !
Es dröhnt die Autorität, die Fehler machen und lügen darf. Es dröhnt, wer durch Herkunft, Kapital oder geerbte Macht Beziehungen hat. Wieviel unmöglicher Unsinn wurde gedruckt und erscheint heute noch in den Zeitungen?
Das Recht der Stimme haben nur starke oder eingebürgerte Autoritäten und Diplomgelehrten!"

Konstantin Eduardowitsch Ziolkowski

(Raumfahrtforscher)

127

> **Man muß heute schon fast**
> **Physiker sein,**
> **um Philosophie noch richtig**
> **erleben zu können.**
>
> *Pierre Sens*

Auf einen ausführlichen Literaturhinweis verzichte ich, da alle Bücher der theoretischen Physik, insbesondere Bücher über die *"Relativitätstheorie"* von **Albert Einstein** und über die *"Quantenphysik"* als Grundlage zu einem besseren Verständnis der in diesem Buch angesprochenen Problematik dienen können. Auch empfehle ich die Philosophiebücher der *"alten Griechen"* zu lesen. Weniger dienlich halte ich moderne Philosophiebücher, die ihre Aufgabe mehr in der Verbalakrobatik sehen, als in der Aufgabe die Wahrheit erkennbar zu machen.

Pierre Sens
(Düsseldorf, im Jahre 1989)

Fremdwörterverzeichnis:

avantgardistisch - vorkämpferisch
atheistisch - die Existenz Gottes verneinend
a posteriori - aus der Erfahrung hergeleitet
ad absurdum - die unmöglichen Folgen einer Behauptung zeigen und damit ihre Unsinnigkeit beweisen
a priori - aus dem Denken, aus der Vernunft herleitend, ohne Erfahrungsgrundlage
actio - Aktion, auf etwas wirkend
assoziieren - verbinden, verknüpfen
Axiom - ohne Beweis einleuchtender, grundlegender Lehrsatz
approximal - annähernd
ad hoc - aus dem Augenblick heraus
ad infinitum - bis ins Unendliche
Aggregat - mehrgliedriges Ganzes
Amplitude - größter Ausschlag, Schwingungsweite
äquivalent - gleichwertig
Algebra - Rechnen mit Gleichungen
Dilemma - Zwangslage, Wahl zwischen zwei unangenehmen Dingen
Determinismus - philosophische Auffassung, der zufolge das gesamte Weltgeschehen durch Ursachen (bzw. Naturgesetze) eindeutig festgelegt ist und damit die Zukunft vorbestimmt ist
Defizit - fehlender Betrag, Verlust
Differenz - Unterschied
Dimension - Ausmaß, Ausdehnung
Dilatation - Ausdehnung, Erweiterung
de facto - den Tatsachen nach
Dynamik - Lehre von der Bewegung von Körpern unter dem Einfluß der Kräfte
etablieren - gründen, begründen, errichten
Entropie - Maß für die Unordnung in einem abgeschlossenen System
Evolution - allmähliche Entwicklung, von Niederem zu Höherem
Elixier - besonderes Substrat, Heiltrunk, Grundsubstanz
Emotion - Gefühlsbewegung
Ethik - Lehre vom sittlichen Verhalten

extrapolieren - den Schluß ziehen, das Funktionswerte innerhalb eines mathematischen Bereichs auf solche außerhalb dieses Bereichs liegende übertragen und vorausberechnet werden können

empirisch - auf Erfahrung beruhend

Expansion - Ausdehnung, Ausbreitung

Elektron - negativ geladenes Elementarteilchen

emittieren - aussenden

Enzyklopädie - Nachschlagewerk über alle Wissensgebiete

Frequenz - Schwingungszahl pro Sekunde

fiktiv - auf bewußt falsche Annahme beruhend

Fauna - Tierwelt

Flora - Pflanzenwelt

final - abschließend

Fluktation - Schwankung, Wechsel

Faktum - Tatsache

fundamental - grundlegend

heroisch - heldenhaft

hypothetisch - auf bloße Annahme beruhend

hyper - übermäßig, vielfach

hyperbolisch - mehrfach, übertreibend

homogen - gleichartig, übereinstimmend, einheitlich

irreversibel - nicht umkehrbar

Instinkt - sicheres Gefühl aus dem Unterbewußtsein heraus

interstellar - zwischen den Fixsternen

Interferenz - Überlagerung zusammentreffender Wellen

inhomogen - ungleich

isotrop - nach allen Richtungen des Raumes hin die gleichen physikalischen Eigenschaften aufweisend

Interpretation - Auslegung

Konvention - Vereinbarung, Übereinkunft

Kommunikation - Verständigung

kollabieren - zusammenbrechen

Kokon - bei der Verpuppung gesponnene Hülle einer Insektenlarve (Seidenraupe)

Kreation - Schöpfung

kausal - ursächlich, begründend

konstituieren - festsetzen

kompatibel - verträglich, zusammenpassend, vereinbar

konstatieren - feststellen

Kontraktion - Zusammenziehung, Schrumpfung

Koordinaten - die Lage von Punkten auf einer Fläche oder im Raum mit bestimmenden Zahlen

Koordinatensystem - System zum Bestimmen der Lage eines Punktes mit Hilfe von Koordinaten

Kontinuum - etwas lückenlos zusammenhängendes (z. B. eine Linie)

Konfiguration - Gestaltung, Stellung

Komponente - Bestandteil, Teilkraft

kompensieren - ausgleichen, aufwiegen

Kriterium - Kennzeichen, unterscheidendes Merkmal

Kinetik - Lehre von der Bewegung durch Kräfte

kinetische Energie - Bewegungsenergie

Kosmologie - Wissenschaft vom Kosmos (Weltall)

kompakt - dicht, massiv

Logos - Vernunft, Weltvernunft, auch das "*innere Wort*" der Natur, welches zugleich ihr Gesetz (Grundsatz) ist

Medium - Stoff, in dem sich ein physikalischer Vorgang abspielt

Mystik - Glaube der Theisten an die Möglichkeit einer jenseits unserer Erfahrung liegenden Welt, die durch eine Form des religiösen Erlebens, schon im jetzigen Dasein die Vereinigung mit dem "*Göttlichen*" erlangt

mystisch - auf Mystik begründend, geheimnisvoll, dunkel, übernatürlich

Moral - Sittenlehre, Sittlichkeit

Molekül - kleinste, aus zwei oder mehr Atomen bestehende Einheit einer chemischen Verbindung

Neuron - Nervenzelle mit ihren Fortsätzen

Niveau - geistig anspruchsvoll, auf hoher Ebene liegend

objektiv - vom Subjekt unabhängige Betrachtung der Werte und der wahrhaften (realen) Erscheinungen

ökologisch - die Umwelt betreffend

Physik - Wissenschaft von den Gesetzmäßigkeiten der unbelebten Natur

Philosophie - Lehre vom Sein, vom Ursprung und Wesen der Dinge, vom Denken, Streben nach Erkenntnis und nach der Wahrheit

Phänomen - seltenes, eigenartiges Ereignis

panta rhei - alles fließt

Paradox - widersinnig, widersprüchlich

Prädikat - Titel, Rang, Bewertung

Prozeß - Ablauf, Verlauf, Vorgang

Proportion - Größenverhältnis
proportional - im gleichen Verhältnis
postulieren - eine nicht beweisbare, aber glaubhafte und einleuchtende Annahme aufstellen
Parameter - Hilfsveränderliche, die jedoch während der Rechnung als konstant angesehen wird
präzisieren - genauer ausdrücken
primär - Grundlage, Voraussetzung bildend
projizieren - mittels Lichtstrahlen auf einer Bildwand abbilden
Psychologie - Wissenschaft von der Seele
Quantentheorie - Theorie zur Beschreibung submikroskopischer Vorgänge
Quantum - Menge, Anzahl
Qualifikation - Befähigung, Beurteilung, Eignung
Relativitätstheorie - Theorie über Raum, Zeit, Materie und Energie
Realität - das jetzt wahrhaft existierende, die Wirklichkeit
Realitätstheorie - Theorie über die zwingende Existenz des wahrhaft Seienden, aufgrund dem Gesetz der Kraft (*"Etwas, was ist, muß Kraft haben, um zu sein!"*)
reversibel - umkehrbar
Relikt - Überbleibsel aus der Vergangenheit
rational - auf Vernunft herleitend
reactio - Reaktion, Rückwirkung
Relation - Beziehung, Verhältnis
Schrödingers Katzenparadoxon - In Schrödingers Welt existieren immer mehrere Zustände gleichzeitig, da seine Quantentheorie ein Mischzustands-System ist, deren Zustände erst dann eindeutig werden, wenn man sie beobachtet. Daher kann in seinem Katzenparadoxon (*die Katze ist in einem Kasten eingeschlossen und ein Hammer soll zu einem bestimmten Zeitpunkt eine in ihr befindliche Zyankaliflasche zerschlagen*) ein Quantenprozeß die Freisetzung von Zyankali mit einer Wahrscheinlichkeit von 1:1 bewirken. Bei der Beobachtung ist die Katze dann entweder tot oder lebendig.
Symmetrie - spiegelbildliche Gleichheit
surrealistisch - etwas wider der Wirklichkeit darstellend
Substrat - Grundlage, Nährboden, Grundsubstanz
sozial - die Gemeinschaft, Gesellschaft, betreffend, ihr zugehörig sein, ihr dienen
Substanz - Stoff, Wesen aller Dinge, Urgrund

Spektrum - Zerlegung von Licht in seine einzelne Farben, Vielfalt
synchron - zeitlich übereinstimmend, gleichlaufend, zeitgleich, gleichzeitig
status quo - gegenwärtiger Zustand
subjektiv - persönlich, nicht sachlich
transformieren - umformen, umwandeln
transzendent - übergreifend, jenseitig, außerhalb der Realität stehend
Theisten - Gottesgläubige
Theologie - Lehre von der Religion
Theorie - rein gedankliche Betrachtung, die möglichst viele Sachverhalte klärt
Theorie der dynamischen Realität - (auch *Realitätstheorie*) Theorie über die stetige Bewegung und Änderung des wahrhaft Seienden
Tribut - Hochachtung, Anerkennung
Term - Wert, Glied einer Formel
Thermodynamik - Lehre von den Beziehungen zwischen Wärme und Teilchenbewegung
trivial - abgedroschen, geistlos, alltäglich
Temperatur - Wärmegrad, Ordnungszustand eines Systems, Wärmezustand
universell - allgemein, umfassend
ultra - jenseits, hinaus, über
Vektor - gerichtete Größe in einer Ebene oder im Raum
virtuell - der Möglichkeit nach vorhanden, scheinbar

„**Über die Liebe**", www.ebook-liebe.de, kostenloses eBook von

Literaturhinweis:

„Die Wissenspille": ein Buch über Gentechnik - embryonale Stammzellenforschung - Präimplantationsdiagnostik - Künstliche Intelligenz - Beginn des Lebens - Selektion - Prävention - Menschenrechte.

Über die Gefahren, die eine neue (bio-)technologische Welt mit sich bringen wird, will dieses Buch informieren. Genomwissenschaft, Umweltzerstörung, die Wissenspille und viele andere Faktoren mehr werden in den nächsten Jahren unser Leben mitbestimmen, aus dessen Abgrund der Mensch nur herauskommt, wenn er selbst aktiv wird.

- Ein Beitrag zum *Jahr der Lebenswissenschaften* -

von **Pierre Sens**

Produktinformation
Broschiert: 165 Seiten
Verlag: Books on Demand GmbH (Juli 2001)
ISBN-10: 3831121818
ISBN-13: 978-3831121816
Preis: **EUR 20,00**

Die Menschen brauchen eine

- geben wir sie ihnen!

Ein Manifest zur internationalen Standardisierung der
Ethik. Ein Agenda 21 - Projekt.

Pierre Sens

Produktinformation
Broschiert: 88 Seiten
Verlag: Books on Demand GmbH (April 2002)
ISBN-10: 3831133727
ISBN-13: 978-3831133727
Preis: **EUR 6,00**

www.pierre-sens.de

Die nächste Revolution kommt!

„Die 5. Dimension"